活力商都 台江史踪

◎龚张念 主编

福州市台江区文化体育和旅游局 编著

海峡出版发行集团 | 海峡文艺出版社

编委会

主　任：梁　栋　刘广辉

副主任：陈　林　林心怡　林　颖

主　编：龚张念

副主编：林　江

撰　稿：叶　红　陈文浩　林　敏　李钰颖

摄　影：龚张念等

序言

参天之木，必有其根；怀山之水，必有其源。台江，闽水集汇、历史悠久，文化厚重、人杰地灵，历来是福州形胜之地。从南台赐封到朝贡往来，从街市喧阗到以港兴市，从百业繁荣到爱国抗争，从福州解放到盛世新颜，在风景如画的闽水之滨，台江，以千年底蕴绘成历史长卷，以绵长文脉写就壮丽诗篇。

习近平总书记指出："历史是一面镜子，鉴古知今，学史明智。"作为台江历史的守护者和未来的开拓者，我们有讲好台江故事的责任和义务，有传承台江精神的使命和担当。编写出版《台江史踪》一书，正是基于梳理台江的历史文脉，着力探寻核心内容和主流特点，增强世人对台江历史文化的认识和了解，承源续流，激励后人。这是台江人民政治、文化生活中的一件大事，是全区精神文明建设和文化建设的又一丰硕成果，意义重大。

在此特别感谢本书编委会全体成员的勤勉努力，搜集资料，寻访人员，精心纂写，几易其稿，尤其要感谢主编福建博物院副院长龚张念，用心主持编写工作，摄影配图，为我们提供了一部真实反映台江历史的地方史书。当前，全区上下正深入学习贯彻习近平新时代中国特色社会主义思想，全方位推进高质量发展超越，加快打造活力商都、滨江福地，高水平建设现代化国际城市核心区。该书将起到存史、资政、育人、实用等多重功效，为台江持续发展、再创辉煌提供精神滋养，心中甚是感奋，欣然特为之序。

中共福州市台江区委书记

梁　栋

CONTENTS 目录

第一章 海退成洲 架梁通津……………………………………（01）
  从福州建城开始说起…………………………………………（02）
  新市堤边的饯别………………………………………………（07）
  南台沙合出宰相………………………………………………（09）
  横跨闽江的古老石桥…………………………………………（14）

第二章 新港扬帆 远柔琉球……………………………………（17）
  中琉朝贡贸易口岸的迁移……………………………………（18）
  直渎新港的兴与废……………………………………………（23）
  中琉环亚洲贸易圈的兴起……………………………………（27）
  甘薯的传入与试种……………………………………………（35）

第三章 百货填集 街市喧阗……………………………………（37）
  南公园与"三藩之乱"…………………………………………（38）
  十里长街人簇簇………………………………………………（41）
    中洲大桥设税馆……………………………………………（43）
    中亭街鱼货两边排…………………………………………（44）
    小桥左边排青果……………………………………………（46）
    安民崎顶挂退衣……………………………………………（48）
    横街几家酒米店……………………………………………（49）
    惠泽境内剔棕毛……………………………………………（50）
    文山横山吉祥山……………………………………………（51）
    吉祥山下铸铜锣……………………………………………（52）
    茶亭粉店多热闹……………………………………………（54）
    福德桥边祖庙前……………………………………………（56）
    六柱洗马九仙铺……………………………………………（57）

老地名的由来……………………………………………………（59）
　　　　瀛洲……………………………………………………………（60）
　　　　后洲……………………………………………………………（62）
　　　　双杭……………………………………………………………（64）
　　　　义洲……………………………………………………………（73）
　　　　帮洲……………………………………………………………（73）
　　　　洋中……………………………………………………………（78）
　　内河水系与古桥…………………………………………………（80）

第四章　万帆争竞　商贸枢纽……………………………………（83）
　　世界级的贸易行业………………………………………………（84）
　　洋资涌入与工商业初起步………………………………………（96）
　　近现代教育的兴起………………………………………………（98）
　　"张真君殿前潮水两头涨"………………………………………（102）
　　经济血脉——金融业……………………………………………（108）
　　百业俱兴，实业救国……………………………………………（112）
　　敦亲谊，兴会馆…………………………………………………（124）
　　"请用国货"的抗争………………………………………………（130）
　　风雨飘摇凛冬寒…………………………………………………（135）

第五章　红潮涌动　喜迎解放……………………………………（139）
　　火种不熄的双虹小学……………………………………………（140）
　　青年会与地下秘密交通站………………………………………（142）
　　何厝里星火………………………………………………………（144）
　　永不消失的电波——高家大院…………………………………（147）
　　地下航线…………………………………………………………（149）
　　"八一七"解放枪声………………………………………………（153）

主要参考书目……………………………………………………（155）

后　记……………………………………………………………（157）

第一章

海退成洲　架梁通津

HAI TUI CHENG ZHOU　JIA LIANG TONG JIN

  回顾近代以前福州城市发展史，可以发现一条基本规律：伴随着泥沙沉淀和河道淤积，城市岸线逐渐南移，港口及依港而兴的商业集市随之南迁，由此带动了经济中心的南移，最终形成"城内为政治文化中心，城南（即今台江一带）为商贸、手工业、近现代工业中心"的基本布局。梳理台江的历史发展与社会变迁，其中重要的脉络就是沙洲的出现，扩大，连成一片，以及随之而来的商港迁移、商业发展。

从福州建城开始说起

"全闽第一江山"石碑,今立于大庙山福州四中校园内

说起福州,我们一般会自豪地介绍道:福州是一座有着 2200 多年建城史的国家历史文化名城。言下之意,福州历史悠久,文化底蕴深厚。福州建城,要追溯到战国末期至汉代初年的无诸与他开创的闽越国。据司马迁《史记》记载:汉高祖五年(前202),汉朝册封无诸为闽越王,册封地就在台江境内的大庙山。这个历史事件,开启了史书典籍确切记载福建历史事件的时代。

西汉时期,今福州城区的大部分地域还淹在水下。台江境内的大庙山、南禅山、吉祥山、横山、保福山、金斗山、彩气山等,乃滔滔闽江中的小岛。《山海经》记载"闽在海中",所言不虚。离大庙山不远的文山(今福州八中)考古工地,出土过原始青釉弦文盂,胎质坚硬,釉层较薄,器物上有清晰

原始青釉弦文盂,现藏于福建博物院

的轮旋纹，饰以铆钉，经考证为商周时期的遗物。这也说明3000多年前，吉祥山一带已有原始部落在这江海交汇的"小岛"上渔猎为生。

战国后期，春秋五霸之一——越王勾践的后裔于越人入闽，与闽人融合，发展为闽越族。秦始皇统一中国后，设"闽中郡"，废除了勾践第十四世孙无诸的闽越王称号，降为"君长"。秦末，无诸率领闽越军队，先是反秦，后又助汉灭楚。汉高祖刘邦建立汉朝后，无诸因助汉有功，被封为闽越王。无诸在惠泽山（即大庙山）筑台接受朝廷册封，史称越王台。后人在越王台旁修建规模宏大的闽越王庙，俗称"大庙"，这也是惠泽山又叫大庙山的由来。

清康熙年间的大庙山

传说无诸后裔东越王余善在"惠泽山之南，崇阜屹立，俯瞰巨潭，钓得白龙"，感到十分祥瑞，也筑一台，称钓龙台。钓龙一说，今天看来类似神话。据学者推测，古代闽人称鳄鱼为"蛟龙"，因此余善钓的龙，可能是鳄鱼之类的两栖爬行动物。古代福建的河流有很多鳄鱼，在水上生活的闽人为了防止蛟龙之害，便在自己的身上以墨文身，自称"龙子"。古人有时也会诱杀鳄鱼，闽王余善钓龙，应当就是铲除鳄鱼的行动。由此观之，余善杀鳄，要比唐代著名文学家韩愈在广东潮汕地区驱鳄早一千多年，这也侧面说明，福州的开发要早于岭南不少地区。

钓龙井，位于福州四中校园内，即相传余善钓得白龙之处，旧志说井深不可测。井经历代修浚，今为石叠砌，内径 2 米。据浚井人称，"文化大革命"中曾亲浚此井，深十余米，井底铺有棕炭。

当年无诸依山筑冶城，开辟东、西、南三城门，冶城之南的大庙山周围，都是江河潮水所及之处，百姓散居城外一片片洲地之中，正如后世诗人所称："无诸建国古蛮州，城下长江水漫流。"汉使奉汉高祖刘邦之命南下册封无诸，船就停泊在南台。需要说明的是，旧时的"南台"意为位于福州城南的高地。清代郑祖庚在《闽县乡土志》中载："五代南唐时，上下杭皆闽江洋洋，登南城翘望，有台临江……所谓台，即越王台也。"南台的范围大至为北起南门兜，南至烟台山，东至六一路，西至白马河，有别于我们现在说的仓山区所在的"南台岛"。南宋梁克家所著《三山志》对南台之名解释为："南台，城南有越王钓龙台，故名。"宋名相赵汝愚曾在钓龙台下的潭尾街留下题刻"南台"，今已无寻。

南台成为渡口，得益于其两头通潮水的独特水运优势。仓山岛将闽江分成两个支流，南面乌龙江，北面白龙江（又称台江、闽江）。闽江涨潮时，海水顶托着江水向闽江上游涌流。由于乌龙江江面开阔，江潮先涌进乌龙江，而后向上游涌进，经南台岛中部和北部的贯通乌龙江与白龙江之间的数条河道，涌入白龙江，与闽江上游来水合股形成白龙江自上而下的江潮；白龙江的下游海潮来得较慢，两股潮水交汇于钓龙台下。

当时，闽江下游的船舶航行主要靠潮水和江流，船舶下行时顺流而进，船舶上行时则候潮而行。正因为南台两头通潮，上下游船舶都方便在此停泊，使得南台自然而然地成为福州城南部的水运枢纽和商贸聚集地，并历千余年而延续至今。

无诸册封和余善钓龙之后，与大庙山相关的重要历史事件就少了。经历过历史的高光时刻，如今的大庙山更像一位慈祥低调的老者，其山体早已与周围的民居和学校融为一体，看起来并不显眼，甚至很多人都没意识到这是一座山。但在三四百前年，大庙山在福州百姓看来依然是高大巍峨的，明代诗人称之为"崇岗"，清中叶还有"高崔嵬"之说。当时，大庙山雄踞水中央，周围江水环漾，一片汪洋，明人有诗赞曰："吞吐潮声当海口，屈盘山势控闽中。"入夜，登上大庙山山顶极目远眺，点点亮光闪烁，分不清是星辰还是渔火，不知是在天上还是在人间，霸气中充盈着仙气，令人心驰神往。无诸当年受封选择此处，也许看中的就是这份霸气和仙气吧。只是如今，越王庙、越王台、钓鱼台已无踪影，让人生出"龙随人去不复见，古树寒烟锁青苔"的沧桑之感，唯有那些人与事，还留存在史籍上，流传在世人口中，

大庙山和山上的福州四中

也算是对历史的慰藉吧。

到了汉武帝时期,无诸的后代子孙余善等人从汉武帝建元三年(前138)到元封元年(前110)多次攻打周边的汉朝附属国,并挑衅大汉王朝。汉武帝不胜其烦,由于派大军来攻打。灭了闽越国后,汉武帝将闽越族人尽数迁徙到江淮之间,于是福建又回到了莽荒时代,仅少数遗民遁入深山,与世隔绝。三四百年时间过去了,直到魏晋南北朝时期,为了躲避战乱,中原的一些家族陆续迁居福建,带来了先进的生产工具和生活器物,过上了安居乐业的日子。

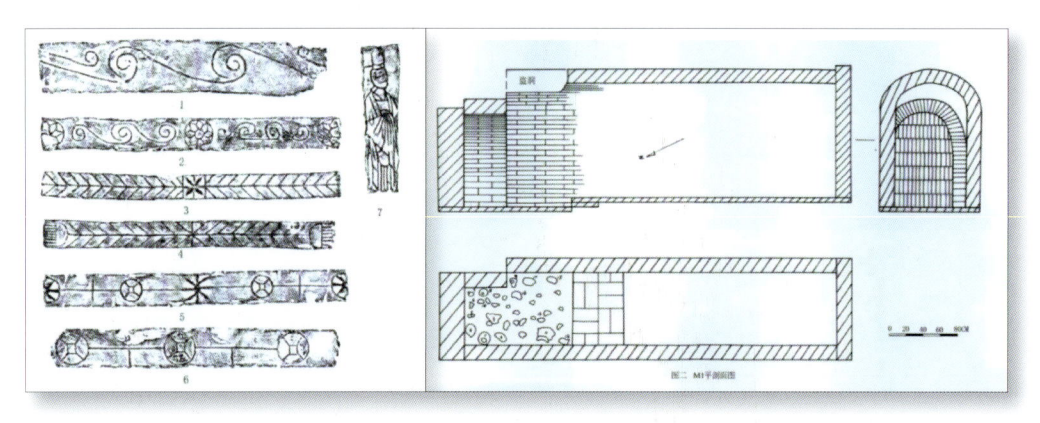

台江龙岭小学校园内发现南朝墓葬2座,出土随葬器物43件　/戴晖 提供

青瓷盘口壶 　　　　　　　　　青瓷托杯

新市堤边的饯别

随着人类活动的增加，闽江上游的泥沙冲积在福州盆地，台江沙洲面积越来越大。唐时，官府在今台江地区建置乌石乡，下辖国鼎、下帷、令德、嘉崇、高惠5个里。晚唐诗人韩偓在福州写了一首《登南台僧寺》，诗中意象极开阔："中华地向城边尽，外国云从岛上来。"点明南台江停靠着外国商船。唐朝时来到福州的外国人不在少数，甚至已经影响到福州的风俗。唐宪宗元和八年（813）福建观察推官冯审作《球场山亭记》，其碑刻残文中记载："海夷日窟，风俗时不恒。"意思是说，当时福州城内有许多海外夷人寄居，因为人多日久，以致影响了市井风俗。

唐《球场山亭记》碑，现藏于福建博物院

五代以来，台江的开发速度加快。五代时期的文献记载，后梁开平四年（910）梁王朱全忠册封王审知，其使者翁承赞和当年汉高祖的使节一样，也是乘船南下，在大庙山越王台举行敕封大礼，封王审知为闽王。翁承赞离开福州时，乘船从安泰桥出发，经水部门出城，再从水道抵达南台新丰市堤。临行前，翁承赞写下《册封闽王还朝于新丰市堤饯别》一诗，提到"登庸楼上方停乐，新市堤边又举杯"。诗中所称新市堤，又称新丰市堤，位于南台靠南的地方，因河沙堆积形成的一片陆地，当时是福州城南的重要码头。

闽王祠内的王审知塑像

　　堤为何能发展成商市？新丰堤一带有大量船舶经停，人流多，交通也便利。于是官府筑堤防洪，附近村民经常拿着各类商品到堤边售卖，商市也就在堤边渐渐兴起。王审知与翁承赞饯别时，两人想必是相互敬重，颇有英雄惜英雄之感。后来，翁承赞辞官回到福建，王审知拜他为同平章事，擢居相位，后又晋爵晋国公，并将他的出生地乡名改为"文秀"，里名改为"光贤"，以示荣宠。目前新市堤名字已不存，英雄已逝，但两人在新市堤边的饯别，凭借翁承赞的诗，留存下这一段千古佳话。

南台沙合出宰相

宋元时期，福州城内水上交通发达，连江通海。宋代曾巩在福州时曾作《道山亭记》，描述福州城内水上交通之便利，指出"其城之内外皆涂，旁有沟，沟通潮汐，舟载者昼夜属于门庭"。外来货船昼夜不息，可直接到达城内住家。

福州城的南门外尚是一片水网地带。由于地处闽江下游，水流平缓，由上游下来的泥沙长期积淀，形成大大小小的沙洲，例如帮洲、苍霞洲、鸭姆洲、义洲、楞岩洲（又称楞严洲）。

随着人口增加、经济发展、商业发达，为方便通行，人们在各沙洲之间架起桥梁。河面窄的架木桥、石桥，河面宽的则架浮桥，其中最有名的是沙合桥，至今还流传着"南台沙合出宰相"的佳话。

现在中亭街东北角小桥旁建有"沙合桥"牌坊以示纪念。沙合桥即老福州人口中的"小桥"

"沙合"之名以及"出宰相"的典故，源于当时福州的一首民谣："南台沙合，河口路通，先出状元，后出相公。"有趣的是，这首民谣竟然灵验了。南宋王明清《挥尘前录》言："章得象相时，沙涌可涉。政和六年，沙复涌，已而，余深复大拜；方务得帅福唐，南台沙忽再涌，已而朱汉章，叶子昂相继登庸。"也就是说，宋朝时一共出现过四次"沙合"，果然福建地区先后有章得象、余深、朱倬、叶颙等四人拜相。

> 延伸阅读：四次"沙合"，四人拜相。
>
> 章得象（978—1048），字希言，建宁军浦城（今南平市浦城县）人。北宋政治家、诗人，担任宰相长达8年，被后世称为"八闽第一相"。
>
> 余深（约1050—1130），字原仲，福州罗源人，北宋两次拜相。
>
> 朱倬（1086—1163），字汉章，福州闽县（今闽侯县）人，南宋宰相。
>
> 叶颙（1100—1167），字子昂，兴化军仙游（今莆田市仙游县）人，南宋宰相。

　　在后世看来，所谓"沙合"出宰相，只是一种巧合加上民众的附会。用术语说，这叫科举谶兆。不过，科举谶兆传播的背后有共同的社会文化心态，反映了当时朝中福建籍的官员不多，与福建当时的经济文化地位不相称，因此以民谣形式提出的政治诉求。

　　从全国范围看，两宋时期，浙闽赣三地密集出现科举谶兆，出现的区域正是宋代科举文化较为发达的地区，经济上也较为繁荣。"南台沙合出宰相"反映的正是南台在这一时期发展迅速，其区域地位也逐渐得到了认同。

　　考诸史实，宋初，吴越刺史钱昱修筑东南夹城，将南门称为合沙门，其位置在今茶亭一带。宋天圣年间（1023—1032），福州官员章频在南台设置"临津馆"，在馆的西南还盖了一座合沙亭，与合沙门遥遥相望。两宋时期福州城市继续向南发展，南门外的茶亭逐步露出水面，福州平原的陆地渐渐向南台靠近。不过南台与福州城之间还隔着宽达数里的水路。

宋元祐八年(1093)，福州太守王祖道以楞岩洲为中心，在南台与福州城之间搭建一座浮桥，便是沙合桥。南宋梁克家《三山志》载："南港三千五百尺，用舟百，号南桥。衡舟从梁板其上，翼以扶栏，广丈有二尺，中穹为二门，以便行舟。"沙合桥分为南北二桥，北桥长五百尺（约150米），用船20只；南桥长三千五百尺（约1050米），置舟100只。浮桥左右用大藤缆缚于植立的18根石柱上，以防狂风大雨冲击。船上铺盖宽3米多的木板，作为桥面，两旁设有扶栏。为方便江中行船，在江心的浮桥口还留有两个高门。浮桥修好后，只过了十年，楞岩洲与仓前山之间又出现一个沙洲，即中洲，江面被分割为3条水道。浮桥因之也相应改建为北、中、南3座。北桥（今小桥位置）用船16只，中桥（万寿桥，今解放大桥北段位置）用船73只，南桥（江南桥，今解放大桥南段位置）用船13只，共用船102只。这是福州人民以船架桥，首次将天堑变成了通途，实现了步行跨越闽江南北的夙愿。

清《福建省海岸全图》局部。图中可见台江是由一块块冲积而成的沙洲组成，连桥以贯通

沙合桥的雄伟气势给南宋著名诗人陆游留下深刻印象。陆游35岁出任福州决曹(掌管刑法)，可能因水土不服，体弱多病。有一天，他觉得精神状况稍好，听说

南台风景秀丽,决定登临寻访。途中经过沙合桥,陆游大为赞赏,写下"九轨徐行怒涛上,千艘横系大江心"的诗句。诗人出生在浙江绍兴,按理对江水和船只并不陌生,但如此壮观的场面,估计还是头一次见到,所以他用"九轨"极言桥面已经接近当时道路的最大宽度,又用"千艘"表达浮船之多、桥之极长。

沙合桥是横跨闽江最古老的大型浮桥,其建成,无疑是当时福州人民第一次安全、方便地解决跨江交通问题,成就是空前的。但是一桥之隔,也隔成了两个世界:一边是八闽腹地,一边是重洋远渡。在沙合桥修筑前,闽江上、下游的大船都可以直达南台卸货、装货。但在桥建成后,却将南台分为上、下游两部分,无法有效充当福建山区货物与沿海货物交换的码头。从沿海来的船要采购山区货物,只得沿乌龙江北上,在洪塘一带停靠,后移到洪山桥一带停泊,闽江上游的贸易随之移到了淮安、洪塘。这一变化造就了洪塘的崛起,乌龙江沿岸的市镇如螺洲、湾边等也都繁荣起来。

万寿桥建成后,只能出入小船,出海的福船无法通行。从这张清末照片可以看到,万寿桥上游为江河小船,下游则为船帆高耸、重洋远渡的大帆船

史料记载,最迟至南宋,南台一带的商贸已经粗具规模。当时,福州郊县的粮食生产不足以满足城市供应。来自浙江、广东等地的海船就将粮食运到福州南台,运走闽江上游出产的木材、钢铁、纸张、果品等商品。官府看中了南台发达的商贸和要冲的地理位置,在此设置了许多管理机构。南宋绍兴四年(1134),官府在南台的河口（今为吉祥山北侧国货路一带）设置"临河务"，行使管理商贸的职权，对往来商船进行抽税、检查。又陆续设置抽木场，对过往的木商抽税；设置窑务，"主造砖瓦，凡官有修筑营缮，命流役人充作"；在河口弥勒院旁设造船厂，为海内外贸易制造海船，遂有"海舟以福建为上"的美誉。关于这一时期南台的景象，宋人李弥逊有《蝶恋花·福州横山阁》一词。当时他站在横山之上，看到南台一带的商店始于新丰市，经过小桥、茶亭、洋头，一直连到福州的南门兜，于是写下"百叠青山江一缕，十里人家，路绕南台去"，极言南台之繁华。

宋元时期，随着海外交通的发达，一些外来宗教也随之传入。福州在宋元时期是摩尼教重点流行的地区之一。元末知府李谦《戒事摩诗》（注：四川嘉定《赤城地》卷37）载："明（宁波）、台（州）、温（州）、福（州）、泉（州）皆盛行摩尼。"摩尼教又称明教，目前台江还留存一座摩尼教宫庙——明教文佛祖殿，又称浦西福寿宫。福寿宫大殿中堂供明教文佛和度师真人，前柱挂着两对楹联："朝奉日乾坤正气，夕拜月天地光华""悟彻灵机群沾法雨，参来妙谛普荫慈云"，楹联中明显体现了明教"朝拜日，夕拜月"以及糅合佛道思想的宗教特征。明教文佛祖殿既见证了台江是宋元时期"海上丝绸之路"的起点，也说明台江兼容并包、渗透融合的思想源远流长，在历经千年风雨之后，仍香火不息。

台江摩尼教宫庙——明教文佛祖殿，又称浦西福寿宫

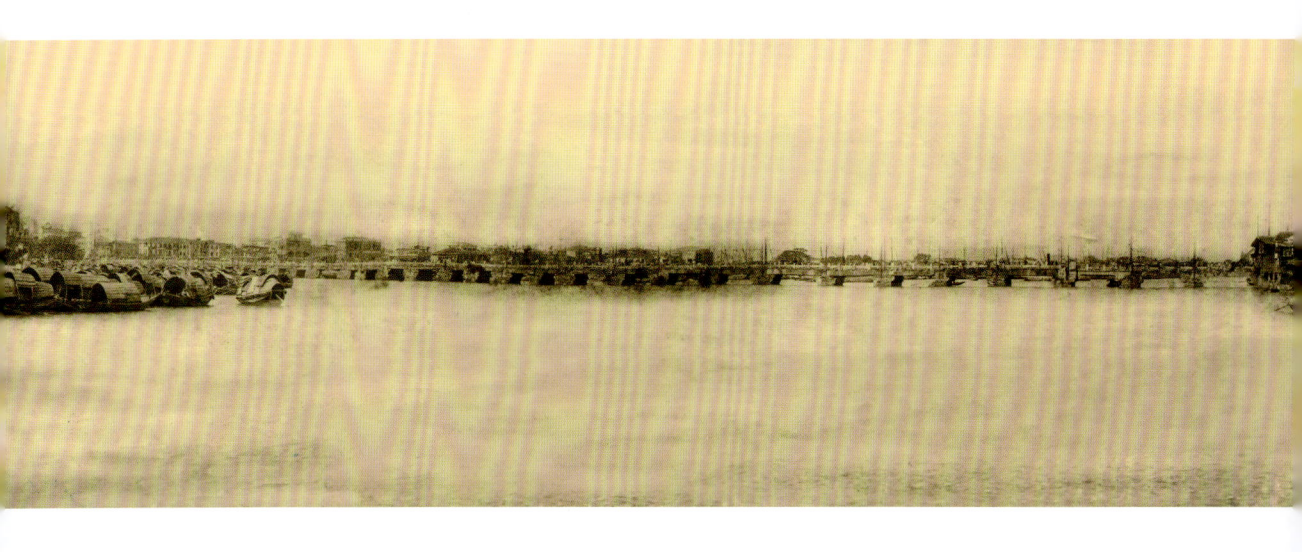

横跨闽江的古老石桥

　　元代福建海运发达，商业持续繁荣，人们热衷于造桥筑修路。上节说过，宋元祐年间（1086-1094）郡守王祖道建浮桥连接闽江。由于江面宽阔，水势汹涌，浮桥屡被冲垮。位于桥旁的南台万寿寺僧人王法助目睹浮桥之弊，发下宏愿，要改浮桥为跨闽江大石桥。先不说建造工艺是否可行，首先面对的是钱从哪里来？和尚的办法只有募缘，如果能得到朝廷的支持就更好。于是，王法助命弟子吴道可北上，请"园通玄悟大禅师"李某转奏皇帝。修桥的提议得到元成宗铁木耳可汗的赞许和鼓励。于是，王法助打着奉旨建桥的旗号开始募捐活动，元马祖常在《万寿桥碑记》中写道："于是大姓割其财，小姓奏其力，闽盐转运使王某且率其属合治之。"未及一年就募缘到数百万贯。大桥于元大德七年(1303)动工修建，前后历时19年，于元至治二年(1322)完工。

　　在当时条件下，要在广阔且波涛汹涌的闽江上建造这样大型的石梁桥，困难是空前的。20世纪著名英国科学史家李约瑟在《中国科学技术史》中写道："福建式

第一章 | 海退成洲 架梁通津

1941年万寿桥、中洲岛、江南桥（从左至右）

的桥梁建筑给人的印象是出奇的坚实和建造者的巨大决心，并异常费料。"的确，桥梁施工时，桥墩多次被洪水冲垮。为此，工匠创造或采用了许多新技术，如桥的

万寿桥大石梁，现存放于大桥旁的青年会广场

基础采用"植材木，砻密石，纳木腹而基之"的建造技术，就是在桥墩处先打下木柱，编成木笼，然后往里密填石块；为稳定基础，还沿桥轴线抛填大量石块。28个桥墩砌好后，在每孔桥墩之间叠架重逾40吨的大石梁，上面再横铺石板。当代著名桥梁建筑专家罗英在《中国石桥》里写道："简支石桥的构造，采用石板石梁并用的尚未多见，福州万寿桥即采用这种特殊结构。"遗憾的是，桥建成之时，王法助已经圆寂。民间感激他的功德，以王法助生前驻锡的万寿寺为桥命名，故名"万寿桥"。

当时，南台已是福州城充满生机与活力的手工业中心。元代诗人萨都剌有《初到闽》一诗咏及南台："城闉南有市，灯火夜眠迟。"随着福州城的码头从水部门南移到河口，以及随后柔远驿的修建，新港的开辟，南台迎来了大航海的新时代。

残留的万寿桥桥墩和老水文站（右侧红色楼）

第二章

新港扬帆 远柔琉球
XIN GANG YANG FAN　YUAN ROU LIU QIU

15世纪末,世界进入大航海时代,也叫地理大发现时代。大约同一时期,市舶司从泉州移置福州,新港柔远驿(俗称琉球馆)成为中国和琉球国之间朝贡、册封、贸易的唯一合法地,中琉贸易蓬勃发展,台江由此跻身海上丝绸之路的重要港口,参与了大航海时代的历史进程。大航海时代的另一重要事件就是甘薯从美洲新大陆输入到"旧世界",引起了食物革命。甘薯在明代引进中国后,更是养活了大半中国人。这一可以说改写中国历史的重大事件,也与明代的台江有着紧密关系。

讲述这一段历史,我们得从新港说起。讲到台江新港,又需要先回顾市舶司由泉州移置福州的这一段历史。

中琉朝贡贸易口岸的迁移

明初厉行海禁,但为了保持"天朝上国"地位,明王朝还是鼓励琉球、真腊、暹罗、高丽等邻国按传统礼仪来朝入贡。琉球在福州东面的大洋中,直线距离800多公里。据说在天气晴朗、海上没有云雾的情况下,站在鼓山山顶就可以隐约看到琉球群岛,当然这是无稽之谈,但间接说明福州与琉球的地缘关系。

针路,相当于航海时使用的航路指南。因为航海中主要是用指南针引路,所以简称"针路"。图为福州往琉球针路。

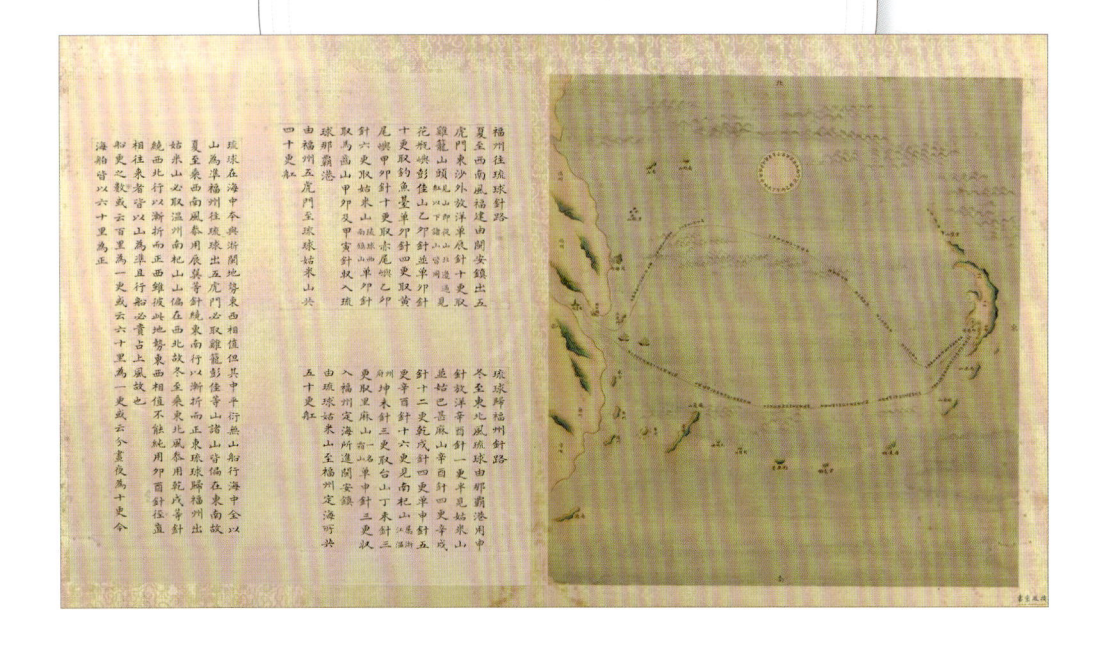

明朝与琉球国的往来始于明洪武五年（1372），朱元璋派遣行人杨载奉"即位建元诏"出使琉球。"行人"在明朝是一个官职，掌管捧节奉使之事，凡颁诏、册封、抚谕、征聘诸事皆归其掌握；"即位建元诏"是说开国后第一次建立年号而发布的诏谕。这说明朱元璋十分重视与琉球国的关系。琉球中山王察度也很重视，派遣弟弟泰期出使明廷，正式拉开中琉宗藩关系的序幕，也标志着中琉朝贡贸易的开始。

齐鲲《续琉球国志略》书影。齐鲲（？—1814），侯官（今福州）人，清嘉庆十三年（1808）作为正使出使琉球。

纵向上看，中琉贸易以成化年间（1465—1487）市舶司迁移福州河口为标志，可以分成前后两个历史时期。成化以前，主要在泉州；成化以后，主要在福州。按《明史·职官志》记载，市舶司的职能为"掌海外诸蕃朝贡市易之事，辨其使人表文勘合之真伪，禁通番，征私货，平交易，闲其出入而慎馆谷之"。

市舶司机构迁置，反映的正是明代福州与泉州在中

泉州市舶司遗址

琉贸易地位上的消长。元代的泉州为世界第一商港，但受到元末亦思法杭兵乱、明初海禁政策等一系列影响，加上海湾逐渐淤塞，大的海船不能进港，商船往来不便，曾经闻名世界的"刺桐港"逐渐衰落。明洪武至成化年间，泉州虽然仍是官方指定的琉球入明港口，但福州港的作用已经越来越凸显，在与琉球的贸易中显露勃勃生机。究其原因：一是航线上，福州与琉球位于同一纬度，琉球到福州比琉球到泉州的航线便捷。二是管理上，泉州离省城远，不便于贡使接待与贸易管理，琉球使者从福州入京进贡也更为便利。三是人员上，琉球国来华充当向导、翻

> 琉球墓群，位于仓山区长安山麓，系清代琉球使者、商人、留学生和海员等墓葬，共7座。墓群占地面积约2000平方米，多为坐北朝南。墓丘均为三合土夯筑，平面呈长方形，单室。封土前竖方首墓碑，碑额皆刻楷体"琉球国"三字，碑面刻死者姓名、身份、籍贯、卒葬年月、坟墓大小等。

译、水手的多是闽人"三十六姓"。史料记载,为方便中琉贡使往来,明太祖朱元璋于洪武二十五年(1392)赐闽中舟工三十六姓,包括梁、郑、金、蔡、毛、陈等姓氏,此后明廷还多次"补姓"。这里面有不少是台江新港河口附近人。这些人在琉球,或负责两国的外交相关事务,或传授先进的造船、建筑、制陶、染织等工艺。明廷陈侃出使琉球后就观察到"从予驾舟者,闽县河口之民约十之八,因夷人驻泊于其地,相与情稔,欲往为贸易耳"。由于这种地缘人缘相近等原因,福州与琉球国的关系特别密切。

新港河口发达的造船业,也为中琉贸易的发展提供了有力支撑。福州的造船业历史悠久,工匠技术精良。福船是明代水师装备的主要战船,有坚实的龙骨和骨架,不怕冲撞,且以耐风涛、能御火而著称,在大洋航行有显著优势。明洪武二十年(1387)在河口设立了官营造船厂,称南台船厂。

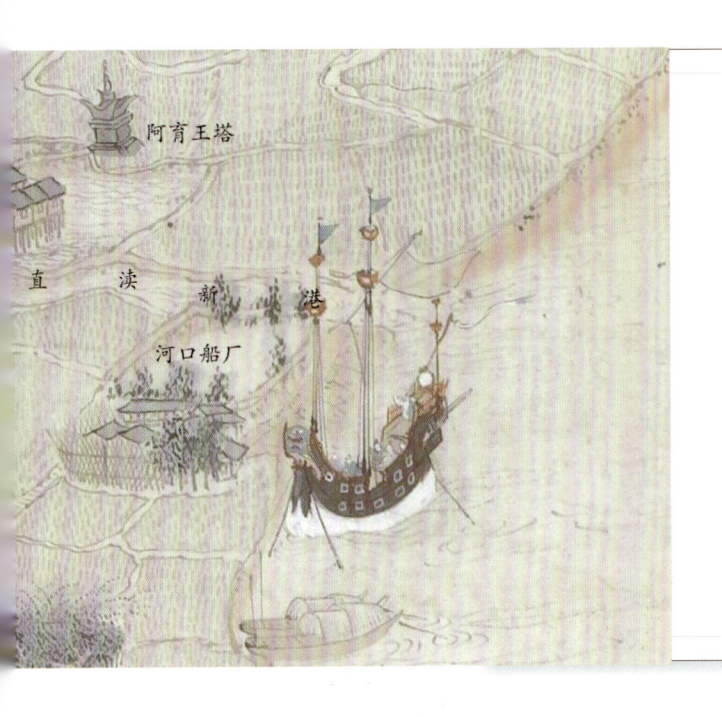

清初的河口南台船厂。夏子阳在《使琉球录》中记载:"(南台船厂)中深而下,以坞以顿舟……而坞之两旁,则以堆置木料诸物与工匠人等居之,左有小沟为界,旧时铁锚尚没其处。右则抵路为界,前则临江,后有墙脚,界限甚明。"

琉球国原本"缚竹为筏,不驾舟楫",与明朝建立朝贡关系后,常以"小邦物料工力少,不能成舟"为由,请明朝赐海船"以供往来朝贡"。据统计,从明洪武至永乐年间,先后赏赐琉球国海船30余艘。《明英宗实录》提及,郑和下西洋结束几年后，尚余几十艘较大的供下西洋航行的海船存放于福州，全部赏赐给了琉球。此外，明嘉靖、万历和崇祯年间，河口造船厂都曾建造"封舟"。所谓"封舟"，就是供赴琉球的册封使臣专用的册封舟。按明朝规定，福州是对琉球开放的唯一口岸，也是册封使团离国启航的起始站。册封使接到委任后，即来福州筹建册封舟，建造的地址就在河口。以现代的眼光看，册封舟既是外交船只，也是战船，更是宣扬大明国力和军力的载体。因此册封舟船型较大，有着良好的水密性和抗沉性，生活设施齐全，武器配备精良。据明代福州学者谢肇淛记载，"封琉球之舟，大如五间屋，重底牢固。其桅皆合抱坚木，上下铁箍"，可见当时造船技术之先进。

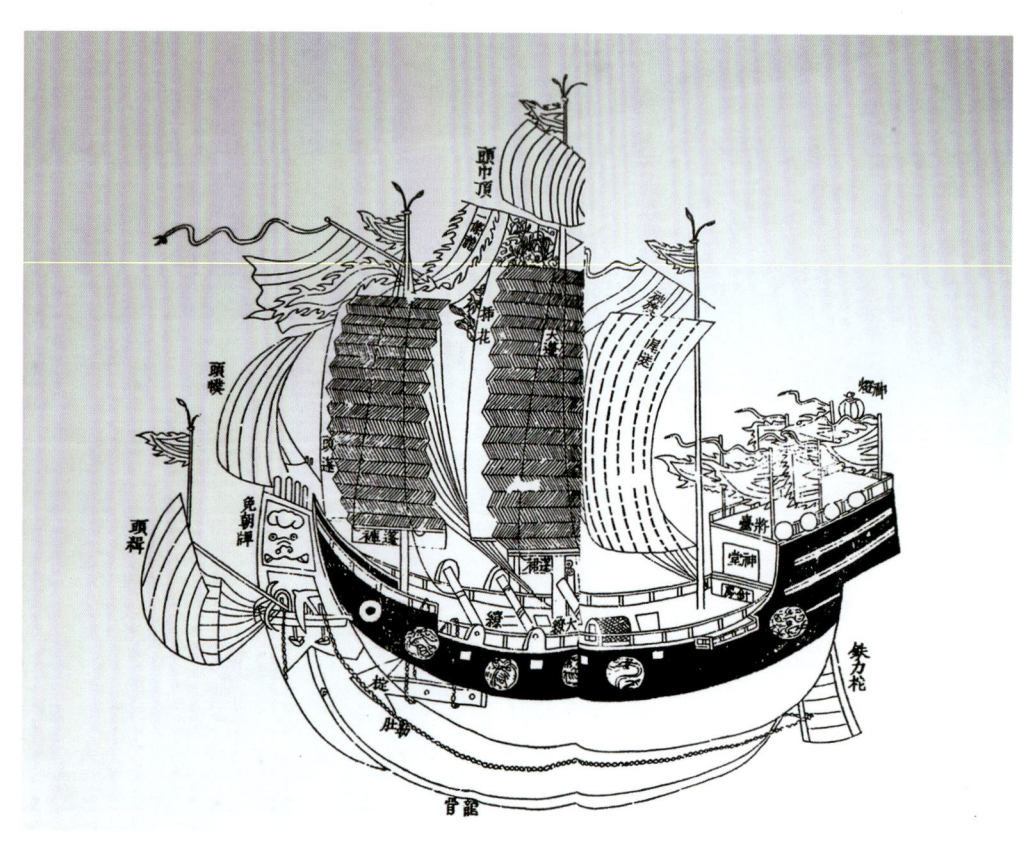

封舟

直渎新港的兴与废

明弘治十一年（1498），官府在河口开辟了"新港"，标志着南台新的历史时代的到来。

新港是"直渎新港"的简称，"渎"为"沟渠"之义。"新港"的名字一直延用至今，却并不算"新"，距今已有500多年的历史。"新港"工程修筑的背景是，明代钓龙台下流沙壅积，义洲、帮洲和苍霞洲迅速扩大，导致旧港"潮小舟胶"。官府管理不善，人为的破坏也进一步影响了河道的功能。王应山《闽都记》记载，当时通航的河道"初皆深阔环绕，舟楫甚便。时则三卫各有兵马司，有专职，有逻卒，各司地方，责有悠归，是以河道无填塞之患，街衢且无淘沙爬挖之弊。兵马司既废，河道则随开随挖，肆莫之禁矣"。

在当时，修筑直渎新港这样一条人工河道，是一项大型水利工程，即引闽江水入河口，在河口尾修建直渎新港，工程包括直渎浦和新港两部分。

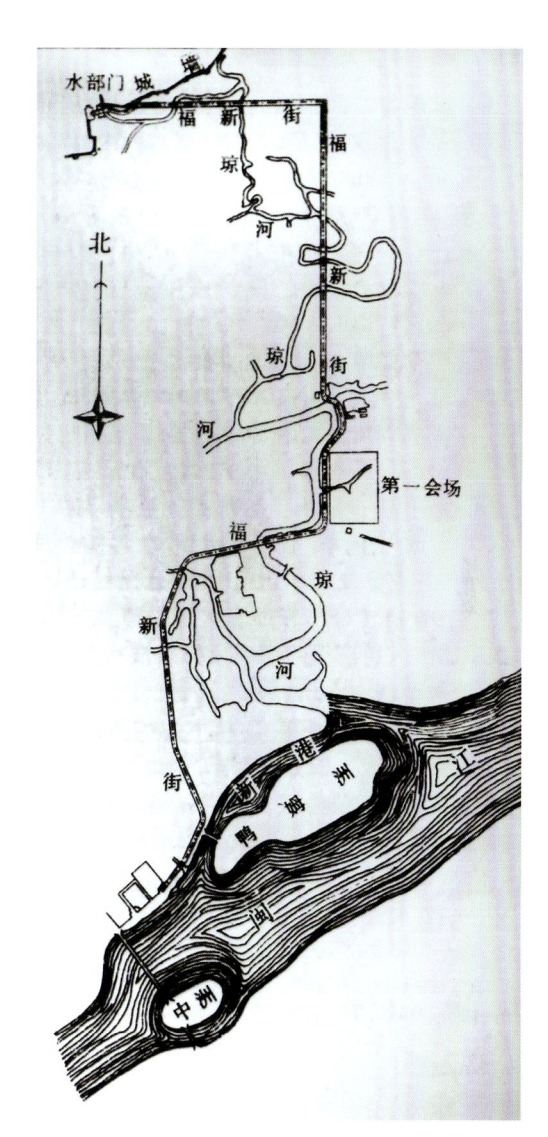

1915年福州市第一条马路示意图，图中可见民国时期新港琼河水道依旧曲折

直渎浦的河道是相对直的，但出了水部门进入闽江，便是"三十六曲"。按史籍记载，新港未开前，"闽江海潮之入福州者，是由闽安镇，历经鼓山、归善、崇贤、高惠四里，计有三十六湾，周流潆洄，抵河口水部门，再散入城中诸河。"河道有三十六曲，航行数日，确实有碍航运交通。直渎新港是时任福建镇守太监邓原主持下建成的，琉球贡船从闽江口经闽安镇，直接驶进直渎新港，在水部河口渡登岸进城，可不经三十六湾。顺便一提的是，同样是太监邓原，在仓山临江开港，停泊番船，即今泛（番）船浦的前身。

> 延伸阅读：明代市舶司的官员设置，大致有提举一人，从五品；副提举二人，从六品；其属吏目一人，从九品。但自从永乐年间朝廷派驻宦官提督市舶司之后，市舶司的管理职权基本上为太监所掌控。宦官擅权是明代的弊政之一，尤其是皇帝外派各地的镇守太监，作恶甚多。邓原却是少数有较好名声的太监官员。《武宗实录》记载：邓原"欲疏求谢事，福州等府卫军民群赴巡按御史饶榶处，诉乞转奏借留"。可见邓原在福州有德政，受到民众认可。

在邓原之前，还有一位太监，也在新港河口一带完成了一项工程，也与琉球贡使有一定关系，那就是明正德年间（1506—1521）担任福建市舶司提督的宦官尚春。尚春在一次清点琉球进贡物品时，发现河口渡船多、人多、货物重，过河的旧木桥不堪重负，甚至有琉球贡使跌落内河。尚春认为这关系到外交礼仪，同时也出于便民考虑，遂重新建造一座木桥，于明正德七年（1512）底竣工。新桥跨越了琼河主干道，将新港的码头、船厂、仓库以及柔远驿等连为了一体，桥旁还建了控海楼，十分坚固，可远观大海。城里官员和琉球贡使对尚春的功绩都纷纷竖起大拇指，将这座桥命名为"尚公桥"。"尚公桥"于清初改建为石桥，命名万寿桥，为区别于闽江上的万寿桥（今解放大桥），俗称小万寿桥或河口万寿桥。

尚公桥当时就是修建在直渎浦上。所谓直渎浦，因其样子"直如沟渎"，故名，但在明清两朝琉球贡使和本地士大夫里，却有一个美丽的名字，称琼水或琼河。由于历史变迁，今天的琼河看似一条普通的内河，但当年琼河河面宽广、水流湍急，与闽江江潮直接相通，往返船舶繁忙兴盛，是福州城区水网的主干道。翻阅当年琉球诗人、学者的诗文，常见"琼河"二字。当时，这些琉球诗人、学者必然多次经过琼河河畔，或行走、或沉吟，或与福州的官员、文人饮酒作诗、畅谈古今，有的人应该就是居住在琼河边，与琼河朝夕相对，在桨声灯影里见证了福州商贸的繁荣，感受着明王朝的强大。琼河乃至南台，在这些琉球贡使、学生心中的重要性，就代表着福州文化的缩影和符号，有着特殊的象征意义。

> 河口万寿桥横跨直渎浦，由鼓山涌泉寺僧人募资，于清康熙七年至九年（1668—1670）建造。桥东西走向，石构，二墩三孔，全长34.9米，面宽3米，高8米。明清时琉球国进贡船在此上岸，为进贡厂遗址标志，是中琉关系重要史迹之一。

俗话说，天下事有一利必有一弊。直渎新港的修建，无疑是大大便利了商业贸易，但同时也带来城防方面的隐患。明嘉靖二年（1523）给事谢蕡上疏，指出"日本、琉球从东海入，经闽安镇、鼓山等三十六湾抵河口水步门，曲折数日才能到达，不能飞渡。邓太监竟将上王地方，凿透大江，如同咽喉之直，致番船虽便其告往来，地方多为其亏害。"谢蕡认为开凿新港有六大害，其中一害即是城防的安全，"水势直达，江河无别，抑或夷性无常，如近日宁波倭夷之仇杀，非惟居民受其荼毒，而城难保其固也"。

谢蕡的言论，要放在嘉靖年间倭寇的入侵给福建沿海地区造成严重侵扰的历史背景下看待。据学者考证，从嘉靖三十四年至四十二年（1555—1563），福建沿海共有 1 座府城、11 座县城、4 座卫城、4 座所城先后被倭寇攻陷。其中，谢蕡在嘉靖二年 (1523) 担忧的事情，在嘉靖三十六年（1557）不幸而言中。是年，倭寇数千人围攻福州，福州城"四郊被焚，火照城中，死者枕藉"，台江地区被焚劫，上、下杭一带悉为灰烬。福建巡抚阮鹗想的不是指挥军民奋力抵抗，而是拿出府库储藏的财物赂贿倭寇，倭寇才"拥巨舰而退，沿途焚掠入海。"猖狂的是，随后三年，倭寇又多次进犯福州：

嘉靖三十七年，福州被围 50 天；

嘉靖三十八年，福州又被围，幸好指挥佥事黎鹏举从漳浦率水师北上，入闽江口，大败倭寇，福州得以解围；

嘉靖三十九年倭寇再次围困福州，"弥月乃去"。

其后，戚继光等名将陆续取得抗倭大捷，福州才免受倭寇侵扰，这是后话。需要注意的是，所谓倭寇，并不全都是日本人，很大一部分倭寇是中国的海商、失业渔民等。

古人云：两利相权取其重，两害相权取其轻。直渎新港修建，利大还是弊大，如何权衡利弊？贸易便利与城防安全，孰轻孰重？这些都难以简单定夺，导致出现"议论者纷起，开塞者无常"的局面。甚至到了清初，新港是开是塞，仍然是福州当局的重要议题，新港开了又塞，塞了又开。1935 年，福建省建设厅在福州设立水利工程处，由鳌峰洲开凿河道至新港，即今天的光明港，新港一带的河道才基本定形。

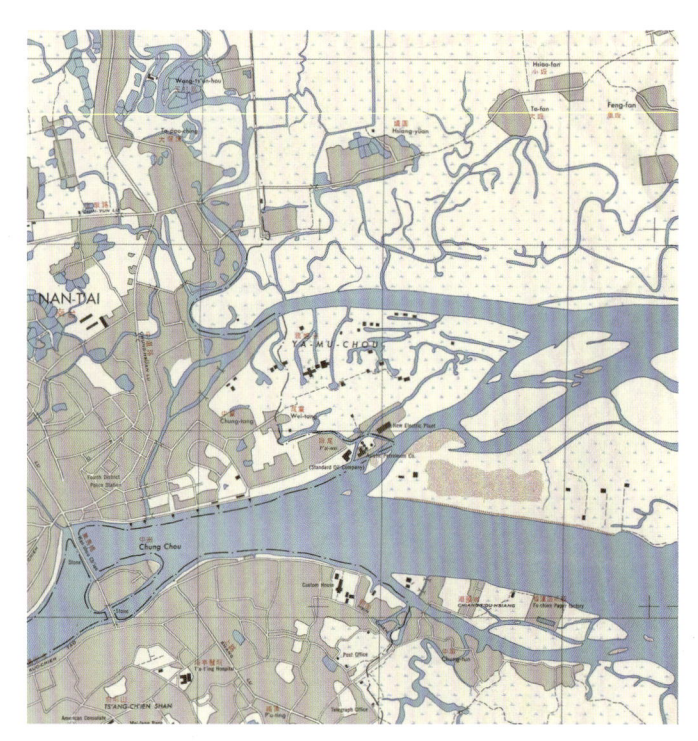

1945 年新港一带仍是河道弯曲，鸭姆洲上还有许多洲田。南岸即泛船浦菖蒲墩

中琉环亚洲贸易圈的兴起

柔远驿的修建与市舶提举司的迁置大体在同一时间。新迁福州的市舶提举司设在澳桥，在新港河口设柔远驿和进贡厂。驿、厂设置在城外，承袭了历代将诸蕃贡使馆置于城外的惯例，也适合航运特点。

柔远驿原先的驿名为"怀远"，明万历年间(1572—1620)改名"柔远"，"原为优待远人，以示朝廷怀柔之至意"。根据史籍记载，当时柔远驿的结构为前厅三间，两边卧房六间；后厅五间，两边水梢卧房二十七间；式门三间，两边水梢卧房六间。另有守把千户两边十间，军事房二间。内设天妃宫，成化年间重修，主要供航行海上的人们祈求平安。柔远驿是作为"琉球诸蕃国使臣馆寓之所"，同时还负责接收各地的琉球难民，进行安置和遣还，俗称"琉球馆"。进贡厂有锡贡堂、承恩堂、控海楼、保管人员卧室及货物仓库等，"凡蕃国贡献方物，皆储于此"。

按照规定，琉球国一般每隔两年遣使一次。可是琉球国并不满足于此，常常借

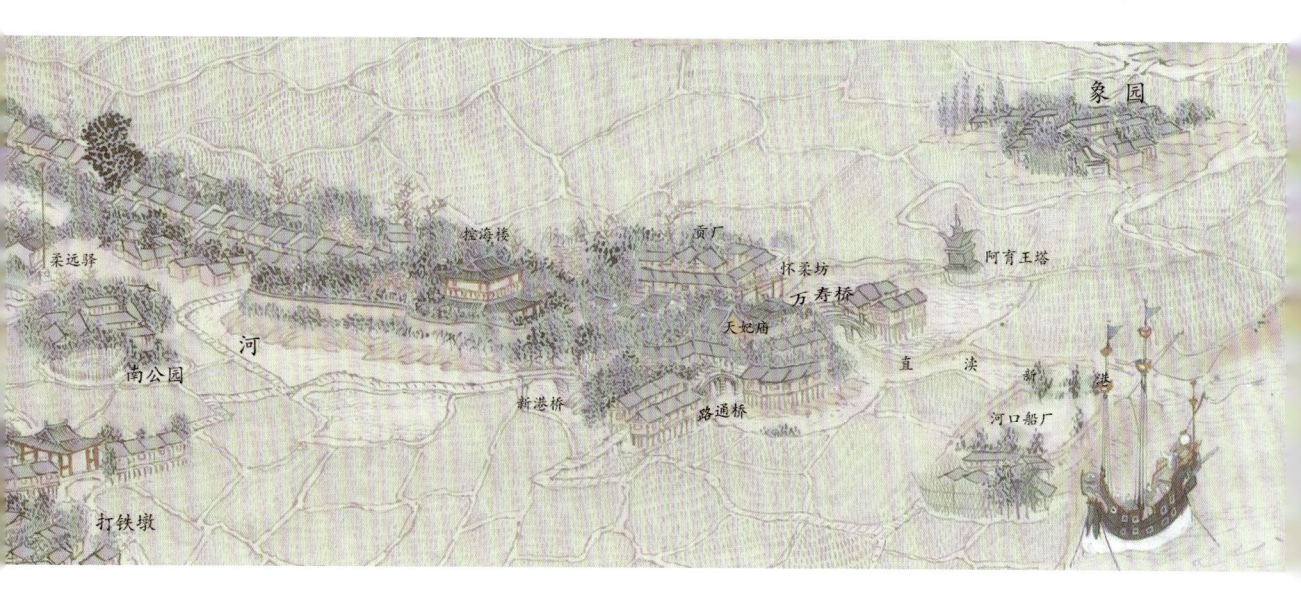

清初的新港、琉球馆一带

贺登极、贺元旦、谢恩、请封、接贡、护送难民、报倭警、上书陈情等各种名目来华，一年来华两次或三次是常事，有时一年中竟达四五次。

事实上，琉球人来华，既为朝贡而来，更重要的是借此从事贸易活动，"假进贡以规市贩之利"，呈现官方贸易与走私贸易相互交织的状态。据学者研究，海禁期间，中国物品在海外的价格十分昂贵。以丝为例，若番船不通，东南亚许多地区则无丝可织，每百斤丝值银五六百两。其他物品也大体如此。东南亚各国的物产在原产地价格低廉，如龙涎香在中国的价格与东南亚的相比，差价高达130倍。琉球国利用中琉贸易，将日本和东南亚诸国商品以贡品形式带到中国交换，再把所购的中国商品运到日本或东南亚各国出售，如此循环，获利尤多。朝鲜国使臣提到琉球国时，每每不无妒忌地说，中国对待朝鲜不能与琉球国相比。

当然，由于琉球贡使上岸后一切供给皆由所在地负责，而且停留时间动辄数月，耗费很大，给当地造成不少负担。明正统四年（1439），巡按福建监察御史成规就抱怨说，琉球两位通事竟然带来了两百余人在福州停住，地方每日除供给廪米外，还要供应茶、盐、醋、酱等物，不到半年就耗去铜钱七十九万余文。这200多人，名义上是贡船上的船员和随从，但实际上多是从事私人贸易的商人。更恶劣的是，有些贡使还到处惹是生非，甚至杀人抢劫。明成化十年（1474），琉球贡使登岸后，竟然杀死了福州府怀安县一对百姓夫妇，焚烧了他们的房屋，抢劫了财物，后来还逃跑了。这引起了朝廷震怒。为此，明廷重申了规定，明确此后定例两年一贡，贡使随员只许100人，多不过加5人，"除正贡外，不得私附货物"。琉球国王虽几次奏请仍如以前一年一朝贡，或不定期，均未获准。同时明廷对赴京贡使的人员数量也作了限制。不过总体来看，琉球朝贡的次数仍然较多，据统计，有明一代，琉球来华使团达四五百次之多。

琉球国来朝贡，明廷也有派人册封，不过次数少得多。终明之世，朝廷册封琉球不超过20次。有趣的是，福州港口有柔远驿，那霸港口对应有天使馆，都是用来接待使者的。

明朝确立了"厚往薄来"的朝贡原则。琉球入贡船只，无论是入关还是出关，均需向市舶司申报携带货物的种类及数量，进贡货物一概免征关税。据史书记载，琉球使者进贡的程序为：琉球船只到闽江口一带，闽安镇等处巡检司即申报各衙门，把总便差使千百户一员率领军士前往，防止琉球贡船私自进港，同时还要派兵沿江巡逻防范。随后，都指挥使司、承宣布政使司、提刑按察使司各派一名官员会同市舶司掌印官员，带领土通事及相关工作人员前去琉球船停泊处查验符文执照，并将船舱货物封钉，密封固定，命令琉球船驾往进贡厂河下，听候会盘。会盘之日，经验封开舱后，由民夫将货物搬到进贡厂内贮库，办理交接手续。会盘完毕，琉球贡使一行到柔远驿安歇。此后，调拨百户3员、军士100名、官吏1名，每夜提铃巡逻，防守物品；调拨千户2员，军士30名把守柔远驿门，防止琉球人"擅自出入，交通贸易违禁货物"。可见，迎接琉球使者进贡的过程非常烦琐，涉及多个部门，还动用了大量兵力。这也侧面说明，中国对琉球的贸易没有经济上的考虑，主要是对藩属国的政治政策，就像"柔远驿"的驿名，重在"怀柔远人"。

> 琉球馆，位于新港琯后街。始建于明成化年间（1465—1487），清康熙六年（1667）重建。原名柔远驿，为接待琉球国等朝贡使者的场所。当年馆舍宽敞，设有进贡厂，民间称为"琉球馆"。据史料记载，琉球馆大门一开间，前厅三开间，左右厢房6间，后厅五开间，两侧水梢卧房共27间房；二门二开间，两边水梢卧房6间，把守千户房10间，军事房2间。另建天后宫1所。今馆系在原址大门的西侧，坐北向南，大门插屏后为天井、两侧披榭。正座主建筑为面阔五间，进深五柱，穿斗式双层木楼房，周以封火墙。

当琉球贡使一行带着贡物赴京进贡后,明廷允许留下的琉球人将琉球贡船附载的余下货物,可在福州交易。官府规定琉球人不得与当地市民直接交易,需经官设牙行作为交易中介。在地方官员的监督下,牙行会同行匠验看货物成色,评估货价,介绍与中国商人交易,从中抽取佣金。琉球人回国需要购置的货物也需通过官牙代为采办。值得注意的是,闽人"三十六姓"及其后裔,在中琉贸易中多担任琉球国的通事,在主持贸易的过程中渐渐与牙商相结合,形成了集客店、库房、贸易、翻译、牙行等于一体的经营方式。整个明清时期,琉球国贸易几乎由"三十六姓"通事垄断。到了清道光年间(1821—1850),原"三十六姓"通事后代有十姓势力强大,出现"十家牙行"(俗称"十家排")。

中琉贸易极大地推动了琉球国的繁荣发展。琉球国原本"地无货殖",物产贫瘠。明初,琉球贡使来华,进贡的物品只有琉黄、皮纸、螺壳、烟筒等土特产。但

琉球国郑兼益墓碑,其生前任"王舅通事"官职,家名(家号)"外间",爵号"里之子亲云上"。琉球墓碑常见格式为:碑首"琉球国",竖刻去世时间、地名、官职、唐名、家名、爵号、名乘及墓地方位朝向、长宽尺寸等。根据在福州仓前山望北台附近发现的一块清道光二十年(1840)石刻上的记载,琉球朝贡人员遭遇台风或者疾病去世后,大多葬在仓山的白泉庵、长安山,台江的吉祥山以及东门外金鸡山等处。

是到了明中后期,琉球进贡物品有金银铜锡各类制品,以及玛瑙、象牙、牛皮、降香、木香、速香、丁香、檀香、黄熟香、苏木、乌木、胡椒等,其中"苏木、胡椒、黄熟、降、檀诸香并非所产",很多来自暹罗、爪哇、满喇加等地,可见琉球国的贸易范围已遍及东南亚各国。琉球国同东亚、东南亚诸国进行海上贸易往来所使用的海船,多是福州建造的"福船"。正是通过中琉友好往来,才改变琉球"缚竹为伐,不驾舟楫"落后航海局面。

鼓风破浪的福船。《宣和奉使高丽图经》记载:(福船)"上平如衡,下侧如刀,贵其可以破浪而行。"在海上有良好的运动性,遇上大风浪也不会轻易翻覆,适合远洋航海。

可以说,琉球国抓住明朝实行海禁的机会,以朝贡贸易为依托,迅速填补了郑和下西洋停止后明朝与东亚、东南亚各国直接贸易的空白,使这个"商贾不通"的

蕞尔小国，一跃成为"万国之津梁"，意为"万国的桥梁"。在今天的冲绳县立博物馆，还留存着琉球国于明代制造的"万国津梁钟"，上面刻着这几行汉字："琉球国者，南海胜地也。钟三韩之秀，以大明为辅车，以日域为唇齿，在此二中间涌出之蓬莱岛也。"字里行间就能感受到琉球国作为大明藩属国而溢于言表的骄傲与自豪。

> 万国津梁钟，铸造于1458年，铸有汉字，本悬挂于琉球国首里城的正殿内。1879年琉球国被日本所灭。二战时该钟被美军获得。1978年日本政府指定为重要文化财产，收藏于冲绳县立博物馆内。

在经济贸易往来的同时，琉球也十分仰慕中华文化，"于诸国为最笃"，经常派遣留学生至明朝京都国子监留学，"永乐以后至于正德，常三四遣"。大体而言，琉球政府向中国派遣的留学生分为两类，一类为学习中国传统文化的公费留学生，称为"官生"；另一类是在福州自费的留学生，称为"勤学"。这些留学生系统地学习中国先进的文化和技术，回国后，部分学生入仕，处理国家公务，部分留学生从事文教事业。此外，闽人三十六姓及后裔也成为在琉球传播中国儒家文化和先进生产技术的重要使者，对中琉间政治、经济、文化的交往发挥了特殊桥梁和纽带作用。

第二章 | 新港扬帆 远柔琉球

> 福建博物院馆藏有一方"兼署福州南台海防总补分府管理关课……"残碑，是清代福州与琉球友好关系史上的一个重要物证。石碑立于清道光二十年（1840）八月，碑文内容是清政府要求福州当地居民保护琉球国侨民及经商人士葬在福州地区的墓地而出的告示，要求居民对"远临海外"的琉球国来客及其利益予以尊重和保护，告诫远近居民不得"伤坟及灭界占地"，"如敢故违，一经指控，即由官府严究详办"。

琉球在成为明代对外贸易重心的同时，也成为明清政府获取海外物资的重要渠道。中琉贸易极大地推动了福州海上丝绸之路的发展，弥补了明、清海禁时期福建与朝鲜、日本及东南亚诸国经济往来的不足，推动了东亚和东南亚的经济发展，也

近代琉球人在琯后街一带经营的太吉茶栈

促进了福建商品市场的繁荣，提高了福州港的地位。

中琉贸易是环亚洲贸易圈，琉球的兴衰与其在东亚海域中贸易中介角色的起伏有密切联系。随着葡萄牙、西班牙等国介入东亚、东南亚的海上贸易，以及走私贸易的兴起，都直接撼动了琉球"万国津梁"的贸易地位。这其中，福建商人与琉球商人也形成竞争态势。就拿胡椒贸易而言，据外国学者德普塔克研究，明正德、嘉靖年间，部分福建商人就乐于同葡萄牙人合作，而琉球商人态度则相对暧昧。16世纪30年代至40年代早期，个别葡萄牙商人经常以私商的身份联合福建商人，经营福建与泰国以及其他东南亚港口的胡椒贸易，琉球人则被排除在外。同时，福建人保持着与暹罗人（今泰国）密切合作关系，并设法削弱琉球人贸易网络的势力。后来，隆庆海禁一开（1567），漳州月港地位崛起，中琉朝贡贸易转向衰弱，福州港口也难免受到影响。不过，中琉贸易虽然不如鼎盛时期，但也一直延续到清代，南台繁华依旧。

傅衣凌先生在《福建琉球通商史迹调查记》中说："迄于清代，河口仍为琉球商人集居之地，故老相传，当贡船来闽时，其地的繁华殷盛，曾为全城之冠。"据记载，1875年台江琯后街一带仍随处可见宽袍广袖的琉球人身影。

琯后街景，现已拆迁

甘薯的传入与试种

明朝后期，甘薯等美洲粮食作物通过多种途径传入中国，逐渐得以推广。甘薯"亩可得数千斤，胜五谷几倍"，大大缓解了"民食问题"，致使人口数量暴增。同时，人们能腾出更多的时间、劳力和土地来发展商品经济，形成资本主义萌芽。甘薯的引进，堪比当今的杂交水稻，其在中国最早试种成功之地，就在今天的台江。

甘薯野生种起源于美洲的热带地区，由印第安人培育成功，后由哥伦布由美洲带回献给西班牙女王，西班牙水手又将甘薯引种到吕宋（今菲律宾）。明万历年间（1573—1620），福州人陈振龙弃儒经商，在吕宋发现了甘薯这一种神奇作物，耐旱易活，生熟都可食用。据陈世元所著《金薯传习录》记载：西班牙人"珍其种，不与中国人"。甘薯被吕宋视为"国宝"，统治吕宋的西班牙殖民者当局严禁将它带出境，设关卡严格检查。陈振龙购得几尺薯藤，偷偷带回故乡福州。

甘薯

现种植于鼓岭的甘薯，福州人又称之为"地瓜"。

明万历二十一年（1593），福州大旱，五谷歉收。福建巡抚金学曾正为粮食歉收大伤脑筋。陈振龙让其子陈经纶向巡抚金学曾禀述甘薯有"六益八利""功同五谷"，请求官府大力推广栽种。金学曾对陈振龙冒死带种而归的义举大为赞赏，命其觅地试种。陈振龙父子在"纱帽池"（今台江达道一带）试种甘薯，"不及四个月，启土开掘，子母钩连，小者如臂，大者如拳，味同梨枣，食可充饥"，试种大获成功。第二年，又逢岁饥，陈经纶上《献甘薯禀帖》，称甘薯适应性强，"乞广生民计，通饬各属效文栽种，以裕民食"。此建议被采纳后，巡抚金学曾饬令推广，"教民种之，赖以度荒"。各地如法栽种，大获丰收，闽中饥荒得以缓解。后来甘薯又渐及杭州、南昌、武昌等各地。到明朝末期，《农政全书》编纂者徐光启也大力推广甘薯，他总结了甘薯"三十胜"，对于甘薯在长江流域的种植和推广起了很大作用。

更难能可贵的是，陈振龙的后代子孙，如曾孙（四世孙）陈以柱、五世孙陈世元等致力于甘薯的引种及推广，陈世元还撰写《金薯传习录》传世。

《金薯传习录》《种薯谱》合刊

甘薯引进后产生的巨大作用引起了在华外国人的重视。1765年，朝鲜一位官员派人引进甘薯时，即赋诗一首，其中前两句云："万历甘薯始入闽，如今天下少饥人"。1963年，正值甘薯传入中国370周年，郭沫若先生题写《满江红》，歌颂陈振龙的功绩："挟入藤篮试密航，归来闽海勤耕植。此功勋，当得比神农，人谁识？"

乌山先薯亭。清道光年间（1821—1850）福州人为纪念陈振龙而建，亭前一副楹联"引薯乎遥迢德臻妈祖，救民于饥馑功比神农"，将陈振龙引进甘薯的功绩比之于妈祖和神农，从某种程度上讲，也是实至名归。

第三章
百货填集 街市喧阗
BAI HUO TIAN JI　JIE SHI XUAN TIAN

　　明末清初，朝代更迭，福州也经战乱。清顺治二年（1645），朱聿键于福州登基称帝，后世称为隆武帝。翌年清军攻占福建，朱聿键被掳，绝食而亡。清顺治十三年（1656），郑成功北伐，率舰队在南台江与清军对峙，不胜退走。清顺治十七年（1660），耿继茂、耿精忠移藩福州，在今王庄、南公园一带建造王府，驻扎军队。清康熙十三年（1674），耿精忠响应吴三桂叛乱，福州被迫卷入动荡不安的时局中。"三藩之乱"平息后，经过数十年的平稳发展，到清乾隆年间（1736—1796），福建巡抚潘思榘见到的台江是："南台为福之贾区，鱼盐百货之辏，万室若栉，人烟浩穰。……江潮一涨，其待转运之船舰，帆樯犹林立焉。"（潘思榘《江南桥记》）

南公园与"三藩之乱"

清初,耿王府(今南公园、王庄一带)处在了"三藩之乱"的风暴眼中。

清初,耿仲明被封为靖南王,与尚可喜一起镇守广东,成为拥有很大实权的"三藩"之一。耿仲明死后,他的儿子耿继茂袭爵。由于"二藩"都驻扎在广州,广州供养压力太大,于是清顺治十七年(1660),清廷就让耿继茂"移藩"福州。耿继茂带着6000多兵将,加上家眷、门下和做买卖的十余万人,心不甘、情不愿地来到

今南公园。耿精忠自号南公,后人又称耿王府为"南公园"

福州。先是在城内霸占大片房屋（大体是现在的福州一中到东门，开元寺北街龙山巷到观巷一带），在今天的城守前一带建大王府，由耿继茂居住；建小王府，由儿子耿精忠居住；耿精忠奶奶（耿仲明的夫人）叫太妈，住旧郎将军庙。跟着来福州的一千多名和尚和五百多名尼姑，也各占寺庵；开元寺左边的经院巷给妓女住，开元寺前给戏子住，开元寺后的龙山巷给打花鼓人住，各千余人。

清康熙元年（1662），耿继茂又下令要六千间房屋作为王兵营地。于是从水部门外至路通桥，共匡屋1300间；不足，又匡荷宅、柳宅、金墩、下郑、道窟、打铁墩等地民屋千余间；仍不足，又将村边田园100多亩"均盖军房，居民驱离，不准复归"。所匡的房屋给银子，大间8两，小间4两，田每亩3两。因"拆迁"补偿标准太低，百姓十分不满，于是官府就派兵驱赶百姓，强占田地房屋。同时，建造豪华王府，史称耿王府。耿王府占地4万多平方米，有河渠与闽江相通，潮涨汐落，可泛舟浏览，园内的假山、石桥、亭台、楼阁用材讲究、做工精细，所用的木料选购黄楠、黄杨等珍贵品种，雇用工匠克日赶工，大门前的一对石狮，特别选用广东高要县出产的"白石"，并由高要县知县亲自监工。还在耿王府附近豢养了几只大象，该地被称为"象园"（今象园地名即由此而来）；饲养白鹤的地方叫"鹤存巷"。关于"鹤存巷"还有个传说，有一青年误伤了耿氏白鹤，被抓后准备处死。一位秀才听说后，冒死递上"鹤存民心失"的状纸。耿精忠读后，为了平息民愤，只好将青年释放了。

清康熙十年（1671）耿继茂死了，耿精忠袭爵。继位后，民间便传出"天子分身火耳"的谶纬，"火耳"就是"耿"字，于是耿精忠便部署将士做好造反的准备。清康熙十三年（1674），耿精忠在福州响应吴三桂叛乱，抓了福建总督范承谟，又不断发展自己的藩镇势力，派遣心腹接管延平（今南平）、邵武、福宁（今霞浦一带）、建宁、汀州（今长汀）诸府，自称总统兵马大将军。此时，在福州的一些官员还是忠于清廷的，于是密报朝廷，说耿精忠早有帝王之志、造反之心，表现为：耿王府选址琼河（今琼东河），取"玉带环腰""万寿无疆"之意。牵头建造河口万寿桥，"万寿"是皇帝专用之词，耿精忠以"万寿"来命名桥，不是想造反吗？借修缮于山九仙观之机，下令改塑王天君神像，改原先的坐像为竖左手中指的倨傲不恭的立像，暗伏反叛之心；令官民剪辫留发，衣服巾帽都依照明朝的款式；自铸"裕民通宝"等等。

《河口万寿桥记》碑原立于河口万寿桥西，后移到于山碑廊中。黑页岩石质，圆首，高1.94米，宽约1米，厚0.08米，碑文楷书竖刻27行。碑文：福州为八闽省会，人物殷盛，车马骈阗。水部门外河口渡，河狭舟小，竞渡者众，往往舟覆。鼓山比丘成源恻然于中，乃受上埕善士请募建石桥。始工于康熙七年五月庚戌。候潮汐退，以松石累址，结四墩，分水为三道。墩高二丈二尺，其空处架以石梁，左右翼以扶栏，其长二百三十尺，广八尺余。往来纷如，不俟舟楫，信步而趋，人莫不利。既而复造小庵于左，中祀观音大士，俾僧世守之。又造阿育王石塔于右，使主河神，瞻敬呵护。总额"万寿"，取祝河釐也。以明年腊月己酉讫工，共糜白金二千余两，求诸施者。是冬，余自富沙还石鼓，道由其中，会诸宰官善信，徘徊周览，踊跃称颂，以为难也。又明年冬，源具石请记，遂书其事，勒于岸左。康熙九年十月念三日，石鼓住山道霈记，三山王逸书，叶元吉镌。

《河口万寿桥记》碑文中刻"靖南王耿"

耿精忠的反叛震惊朝廷，康熙帝派兵剿灭，不久耿精忠兵败，归降清廷。清康熙十九年（1680），以负恩谋反罪革去耿精忠爵位，交司法审理。清康熙二十一年（1682）耿精忠被凌迟处死。南公园房产没入官府，后归烟商陈氏，不复当年王府气派。

十里长街人簇簇

如果说南公园见证清代台江政治的风云变幻，那么茶亭街到中亭街这一南北纵向经济带的崛起，则反映了清代台江商业的繁华。

闽江的冲积泥沙自北向南不断推进，河岸线也逐渐南移，茶亭街至中亭街这一段慢慢地露出水面，形成陆地，并将周边零星的陆地连接成整体。自然环境的变化吸引了人们在此定居，农业、手工业、商业渐次兴起，到了明清时期，形成了茶亭街到中亭街等多条首尾相连的街市。明末清初，因泥沙淤积和清王朝对外贸易政策的调整，新港河口的贸易地位下降。又由于洪塘一带开始淤积，福州自然寄泊港就集中到了台江汛、苍霞、三保一带，成为物产集散枢纽。与此同时，上下杭、中亭街等街市迅速发展，成为商贸中心。晚明王世懋说："由福之南门出，至南台江，十里而遥，居民不断。"明人还留下了生动的记载："南台百货所聚，邮递所必经，凡负者、戴者、担者、载者、徒者、旅者、徭者、役者、奔走而且食其利者、肩相摩踵相接焉。"清初徐旭曾说："福州自城南还珠门抵南台二十里，百货填集，珍奇充牣，触目灿烂，比之阊门，何啻几十倍。"茶亭街到中亭街彼时已是交通要道，两侧各式商店依次排到南门兜。

延伸阅读：1844年12月中旬，英国传教士施美夫（GeorgeSmith，1815—1871）抵达福州，他在《五口通商城市游记》中详尽记录下了他所看到的从中洲岛到南门一路上的景象：

"福州的那座著名大桥从两岸连接这个小岛（指中洲岛），也许是因为建桥所用的结实耐用的材料，这座桥被称作'万寿桥'。北岸的桥较长，有40个桥拱，是用巨大的花岗岩石板，根据一定角度架在桥墩之上而建成的。南岸的桥较短，只有9个相似的桥拱。水位高时，轻载的船只可以放下桅杆通过。水位浅时，高处的溪水流向另一边较低的江面，形成小瀑布。长桥上摆满铺子，狭窄的通道常常挤满了匆匆的行人。

我乘轿经过这座桥，前往不列颠领事的住宅。长长的郊区只有一条街，6里多路长，一直从大桥通到南门。

郊区有各种行当与手工艺。到处都是熙熙攘攘的人群，这在中国拥挤的街道上是不可避免的，人们对此习以为常。我们的路线就在这条长街上。这条街可说是一般中国街道的绝佳样品。街上可以看到当地各行各类的手工艺匠人在同一间屋子里忙碌地从事他们的工作，并销售自己制造的物品。

他们的屋子可谓一屋三用，既是作坊，又做仓库，还兼柜台。在他们狭窄的屋子里，一切都很拥挤，锻炉呼哧呼哧地响，铁锤叮叮当当地敲。屋里有一组组的拉丝者、制扣者、铜匠、铁匠，还有四个人在铁砧上轮流敲打。这里还可看到画像的人、制灯的人、做鞋的人、木匠、裁缝、敲打金箔银箔的人、制雨伞的人、弹棉花的人、贩卖杂货的人、出售药品的人、切割玉石的人、刻图章的人、装帧的人，以及各行各业的能工巧匠。他们为中国人提供日用必需品或是奢侈装饰。

再远些，还可以看到画斋，里面挂着当地艺术家花哨俗气的作品，也有英吉利海军元帅、校官、女士和蒸汽船的漫画。

街角巷尾，到处摆着活动厨房，蒸汽腾腾，为饥肠辘辘的等候者供应可口的快餐。对于有钱的人，街上有一连串的饭店、酒家和茶馆。

再远一些，有货物充足的当铺、门面考究的钱币兑换行，门外挂着一串串亮晶晶的假铜钱作为招揽之用。

不久，我们又经过众多的瓷器店、旱烟筒制作铺、粮站、纸与锡箔制造坊、编织坊、丝绸铺、小件装饰品店，还有几家书店。这一切显示出，忙忙碌碌的工作是为了提供人们外在的需求。但是，知识自有它的爱好者。在这里，人的头脑可以汲取所需的精神食粮。

再往前走，自由自在的人们聚集在一家公共茶馆里，一边品茶，一边听雇来的说书先生细细讲述古典故事，或是在他简陋的讲台上抑扬顿挫地讲述深受人们喜爱的浪漫故事。

我们不久进了城，穿过南门高大的拱门。"

留传下来的还有《七闽现代骨董录》中的"晋京路引",详细描述了从仓山下渡到南门兜的行业分布:"下渡红墙十锦庙,梅坞过岭仓前桥。中洲大桥设税馆,中亭街鱼货两边排。小桥左边排青果,安民崎顶挂退衣。横街几家酒米店,惠泽境内剔棕毛。文山横山吉祥山,吉祥山下铸铜锣。茶亭粉店多热闹,福德桥边祖庙前。六柱洗马九仙铺,斗中街一派做头梳。月爿池中间铜钴店,闯过南关石头城。"(其中九仙铺、斗中街、月爿池今属鼓楼地界)现将"晋京路引"与收藏于荷兰的清康熙二十五年(1686)秋天绘画的福州城图一一对照,即可完美展示清代台江商业业态。

中洲大桥设税馆

清代的中洲及万寿桥一带繁华万分。清代学者叶大畲在《台江夜泛竹枝词十二首》中写道:"长桥灯火接中洲,色色形形一望收。"清康熙二十三年(1684),清廷设立闽海关署,衙署建在中洲岛上。据黄国盛的《鸦片战争前的东南四省海关》一书记载,南台中洲因地理位置沿江通海,成为闽海关在福州府设立的收税口岸之一,同时连接中洲与仓山烟台山的江南桥,成为闽海关稽查口岸之一。清代均野在《宿南台》一诗就提到:"山外斜阳晴更好,厘金关卡且勾留。"

万寿桥、中洲岛

中亭街鱼货两边排

中亭街在万寿桥的北端。上文说过,沙合桥由北桥(今小桥桥址)、中桥(曾经万寿桥位置)、南桥(曾经江南桥位置)等三座浮桥构成,贯通闽江南北,侧面反映出台江一带的商业始于宋代。为便于往来的居民歇脚,在修桥的同时,太守王祖道在大桥的南端——仓前山岸边建济川亭,北端——沙合桥头建泗洲亭,中端——楞岩洲建中亭,供行人躲风、避雨、纳凉。中亭周边始有零星摊点,逐渐成市,直至我们现在所熟知的"中亭街"。

中亭街、小桥

元至治二年(1322)万寿桥建成后,交通便利、人口密集的楞岩洲一带已初步具备成"市"的条件,元萨都剌《南台月》写道:"城南江上逢中秋,城南石梁初截流。长虹一道贯秋色,中分百里江南洲。"还有《福州城南》诗道:"城闽南有市,灯火夜眠迟。"明代之后,中亭街作为"市"的作用已十分凸显,是当时闽江流域及福州沿海一带干鲜鱼货集散地。明代周仕揩《钓龙台》中有"近市鱼盐千舸集,凌空楼阁万山低"的诗句。至清代，中亭街更是繁华地，清代学者均野在《宿南台》中写道："榕垣繁富纪南台，海错山珍一市开。十里长街人簇簇，乌山脚下渡关来。"

中亭街的主业是渔业，清代朱景星修、郑祖庚编纂的《闽县乡土志》"地形略一·南台区"记载："中亭街，上与沙合桥接，下至万寿桥止。鱼虾乘潮入市，城内外之以鱼货为业者，必黎明互市于此。"鱼贩带着鱼货顺着闽江的潮汐来到中亭街，再通过牙行批发、零售到各地。摆摊时间则是从傍晚直至清晨，故又被戏称为"半暝摊"（福州话"半夜摆摊"之意）。清代董书《舟泊南台既事》写道："日斜风定潮初落，正是鲟鱼上市时。"

因为经营的是鱼货，所以地面总是湿漉漉的，不论是卖鱼的人，还是买鱼的人都穿着芒（草）鞋或木屐。清代谢道承《南台竹枝词十首》记载："三担鱼儿著草鞋，贩盐肩上挂鱼叉。市南一带腥风起，昨夜春寒雨满街。""儿郎三五斗豪华，貂帽重裘暗自夸。昨夜阿爷赶鱼市，芒鞋水裤日初斜。"清王廷俊《南台竹枝词六首》记载："五虎山头日初上，早潮退后见归渔。中亭一路腥风满，水裤芒鞋人卖鱼。""渔庄一带绕江边，榕叶阴阴生晚烟。画出城南好风景，双桥人影夕阳前。"而在《台江竹枝词四首》又提到："潮船到后正斜阳，压担横山赶市忙。一带中亭街闹甚，钱分铜铁价低昂。"

延伸阅读：横山，学名石首鱼，又名黄瓜（花）鱼，也称横三、横摊，福州人或直接简称为"瓜"。有福州谚语称"当被单，买横山""南风发暴，横山倒街"。在老福州的记忆中，野生"横山"，即黄瓜是价廉味美的好鱼，每逢春季乍暖的天气，黄瓜泛滥，长乐、连江的渔民会把满载黄瓜的渔船驰到台江码头、三保、义洲粪船道等，沿河叫卖，普通百姓只需少许钱便可装满一盆。因黄瓜味美，有老饕认为就是当了被单来换横山（黄瓜）也是值得的。

中亭街曾是福州鱼货的聚集地，地利之便使得台江的名小吃都与鱼货有着千丝万缕的联系，譬如鱼丸、虾酥、蛎饼等名店。许多糕点名店也陆续云集于此。如清光绪三十四年（1908）黄姓商人创办三成炳粬粿店，不仅以各式粿闻名于世，而且鼎边糊、孚油粬也是一绝。

旧时的中亭街不仅聚集了咸鲜鱼牙，还有苏广百货、南北京果、棉布绸缎、金银钱铺等等，可谓百业林立，十分繁华，福州老话"故兑中亭街"，福州话"兑"有"挤"的意思，形容中亭街人潮汹涌的景象。半夜鱼市的叫卖声，讨价还价声，扁担竹篮碰撞声，木屐走在石板路上"咔啦、咔啦"声，响透中亭街数百年。

民国年间的中亭街

小桥左边排青果

中亭街北端是沙合桥，因相对于壮丽的万寿桥，只能呼之为"小桥"。小桥的东边是达道街，历史上因附近内河直通闽江，水陆两便，因此成为福州水果及农副产品集市。有水果、花生、番薯等牙行，其中水果牙行有36家，主要经营福州周边及省内外水果。

第三章 | 百货填集 街市喧阗

改造前的中亭街小桥头 / 张林春 摄

小桥的西边是建于清嘉庆十一年（1806）的三通桥，桥栏板刻"嘉庆丙寅年仲秋吉旦造"。三通桥得名于历史上曾有三条小河通过此桥，桥东可通小桥、西可通三保、南可通新桥仔，桥下也曾百舸争流、人潮涌动。

三通桥

安民崎顶挂退衣

小桥往北走则到了安民崎。

安民崎大致范围在小桥与横街之间，地形虽凹凸起伏，但高差不大，往返需上冈、下冈，所以有崎顶、崎下之分。唐宋时有武胜庙，祀陈九郎，（注：明王应山《闽都记》记载"微有冈阜，郡城初案也。东有武胜庙，神陈姓，名无考，晋天福二年，闽启封后加武胜王。"）因能"安闽保国"，故称所在为"安闽崎"，清代改为"安民崎"。

《闽县乡土志》"地形略一·南台区"记载："夏街铺，上与铺前顶接，下至安民崎止，退衣贸易之所。""退衣"即旧衣服、二手衣服。20世纪90年代，学军路一带仍有小店经营着二手衣服买卖。

安民崎

横街几家酒米店

安民崎之北是横街，又称夏街、小桥街，店铺比较有名气的是长春酒库、三和馆家厨、马顺和菜馆等。因此路引里提到横街才会说酒米店。

横街、惠泽境

> 延伸阅读：旧时福州酿酒的作坊称"酒库"，主要酿的是福州老酒。传说"酒库"一词源自唐代，五代时福州有了"酒库"，宋代酒类由朝廷专卖，但民间仍有酿酒或售卖或自酌。清代时老酒生产工艺已十分成熟。抗战时郁达夫任职福州，称赞福州"酒库"为古代酿酒业的活化石。

惠泽境内剔棕毛

继续往北则到了惠泽境,即今天的工人文化宫一带。西汉时因无诸曾于南台山(即大庙山)受封,又广施恩泽于百姓,故又名惠泽山,惠泽境之名来源于此。棕毛坚韧耐湿,剔刮整齐可制成绳网、毛刷、扫帚、斗笠、蓑衣、床垫等,惠泽境一带棕毛作坊店汇集,其生产的棕制品可满足居民的日常需要。

1938年福州市街区图(局部),标明夏街、横街巷和惠泽境位置。与横街呈"丁"字交叉的横街巷,解放前又称棺材巷,共有数十间寿板店

蓑衣是用棕毛编成的雨衣

文山横山吉祥山

再往北走，将连续路过文山、横山、吉祥山三座山。

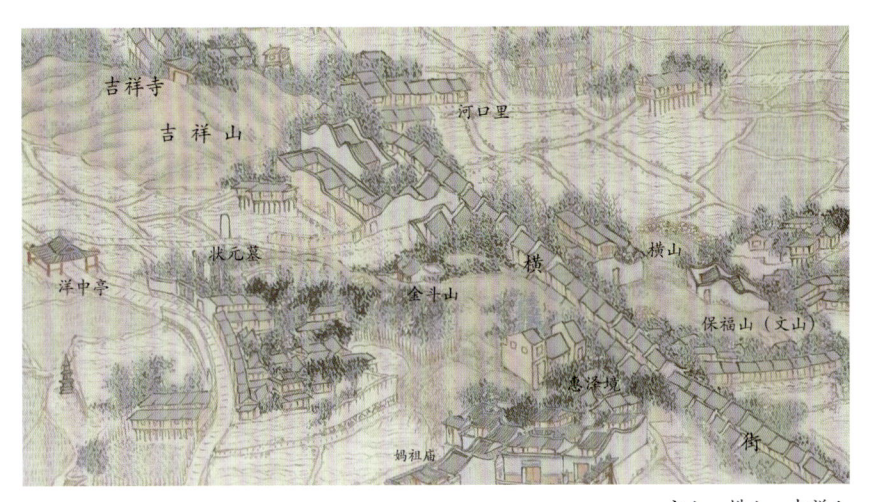

文山、横山、吉祥山

文山原称保福山，五口通商后，教会在此创办了保福山学堂、保福山女学堂、私立文山女子学校（福州第八中学前身）等学校，故又称文山。

横山，南宋《三山志》"地理"记载："高盖北乡，加崇里，有王坂泽，横山头，河口"。《闽县乡土志》"地形略一·南台区"记载横山："在治南，距城二里南台区内，为本境第一重案山。"

横山曾设"铺"，《闽都记》记载："横山铺，出郡城十里，达于江南，嘉靖时移建今所。"《闽县乡土志》"地形略一·南台区"记载"横山昔有烽火墩"，可见横山曾是敌情预警的前哨，明嘉靖年间将"铺"移建到此。到了近代，"铺"的作用弱化，今只遗留铺前顶路的地名。

> 延伸阅读：古代"铺"，又称急递铺，一般建在主要交通线附近，铺与铺间距10里（部分地区15里或25里），专司传递朝廷及郡邑往来文书。铺设铺长一名，铺兵若干名。

吉祥山则因山上曾有吉祥寺而得名。1947年福州救火联合总会迁址至吉祥山，同时建报警瞭望楼。

吉祥山瞭望楼，1966年重建，十一层方形红砖建筑，顶层为八角形瞭望台

吉祥山下铸铜锣

1928年新建道路时，才剖开吉祥山体，将道路取直，之前的路是绕着吉祥山东麓，经河口嘴到茶亭街。明代时，此地属河口里，是船厂所在地，河道通新港、瀛洲河。相传，原来台江有浦东、斗池、西洋、加洋等十八洋（"洋"是田地的意思），洋头口就是这十八洋的农田的路口，称之为"头"。清末民初，河口嘴各色商铺众多，当然声音最嘈杂的当属铸冶作坊，有吴锦泰锡店、魏一顺铁杂等；附近的铸锣巷生产铜锣、铜钹等乐器，较为著名的有曾金利铜锣店。其实这条街最出名的是福州泥塑"土人囝"，也称作"土人仔"，鼎盛时期达20多家店，带给福州人难忘的童年记忆。

第三章 | 百货填集 街市喧阗

吉祥山、河口里

旧时福州孩子们最喜欢玩具是用黏土捏成的各种人物、动物、塔、桥等彩绘泥塑，栩栩如生，称为"土人囝"

1870年的台江铜匠铺

清末台江商号生产的锡器

茶亭粉店多热闹

吉祥山往北则是手工业一条街——茶亭街。

《闽都记》记载："昔有僧，以暑月酾金煮茗饮行者，因名。"传说古时候，从南台往返福州城，人们都要在茶亭一带的田野池塘间跋涉许久，遇到下雨或是夏天出行，更是苦不堪言。有一位鼓山僧人下山化缘，暂住于山白塔寺，在往返南台的日子里深深体会到行路之苦，于是在征得主持同意后，将化缘所得在路旁搭了个小小的亭子，并在夏天给过路的行人免费提供茶水。因而此地得名"茶亭"。明代时，茶亭街建了座茶亭庵。清嘉庆二十四年（1819），由茶亭剃刀行业信众捐资重修。茶亭庵有联十分贴切："南北两途，往来凭解渴，古今一样，善恶看收场。""甲歌丁舞且下十石酒，南来北往适中一杯茶。"

茶亭街

《闽县乡土志》"地形略一·南台区"记载："茶亭，上与洗马桥接，下与河口嘴接，茶肆林立，行者多憩焉。"茶亭街，北向有洗马桥，南向为河口，古时有茶亭桥、福德桥、六柱桥、洗马桥、板桥等，沿街布满茶铺，过往行人可以在此饮茶小憩，著名的茶馆有一团轩、第一亭、茗一春等。从地形上看，茶亭街像一根扁担，一头连着"省城"，一头连着"南台"，承上启下的地理位置，注定了茶亭街的不平凡，曾是福州著名的手工业聚集地。清嘉庆六年（1801）王仕金创办天华斋琴店，善于制作南胡等各种民间乐器。1915年参加巴拿马万国乐器展览会获得二等奖、参加在德国柏林举办的万国卫生博览会获得特加优等奖。

组团参加巴拿马万国博览会

茶亭十番音乐后继有人 / 台江区文化馆 提供

延伸阅读：茶亭街与十番。十番，福州台江著名的非物质文化遗产，也称"叶欢、什欢、十番伬"，是福州民间流传的器乐演奏曲，初期是为龙舞伴奏的打击乐，后分化为单独演奏，之后就成为婚丧喜庆、迎神赛会及家宴等民俗活动必备的乐队。曲牌乐谱有秦楼月、一枝花、雁来云、水底天等，而最特别的是曲牌为福州方言的汉字。十番音乐节奏轻快跳跃，演奏方式自由活泼，具有极强的感染力。据说曾于清末赴京为慈禧太后祝寿。

相传十番形成于清乾隆年间，清郑洛英《榕城元夕竹枝词》："闽山庙里夜人繁，闽山庙外月当门，槟榔牙齿生烟袋，子弟场中较十番。"这首诗记录了茶亭街琴店工人曾畴官组织的"十番"音乐，在福州南校场（今天的五一广场）参加竞技比赛，精彩的表演、激烈的赛况吸引了广大百姓驻足欣赏的盛况。清至民国是十番音乐形成、发展、成熟、繁荣的时期，传播范围从茶亭到省内各县市乃至台湾香港及东南亚。

十番音乐所用乐器，分"前堂"（硬片），为打击乐有大钹、小钹、大锣、小锣、云锣、狼串、清鼓；分"后堂"（软片），为管弦乐有笛子、逗管、椰胡。其中狼串、逗管、云锣历史悠久，被称为中华传统乐器的活化石。

福德桥边祖庙前

祖庙前位于茶亭群众路一带。《闽都记》"郡南闽县胜迹"记载："闽越王祖庙，在嘉崇里，永乐十四年建……万历戊申重建。"清末林枫在《榕城考古略》"郊坰"记载："闽越王祖庙，创建未详何时。自唐大中间立庙钓龙台，祠祭悉移于彼，于是祖庙渐圮，田园悉为居民所侵。弘治间，有司核正旧业，籍为粢盛，重建殿寝，旋复圮。万历间，乡人募资别建。"祖庙建筑一直留存至清末民国。现留有祖庙新村等地名。

图中清晰地画出祖庙和旁边的闽越王墓,此墓中埋葬哪位闽越王已经无考。从画中墓的形制来看,应为明代重建

六柱洗马九仙铺

六柱桥、洗马桥、九仙铺(斗中街上)现在都属茶亭街。

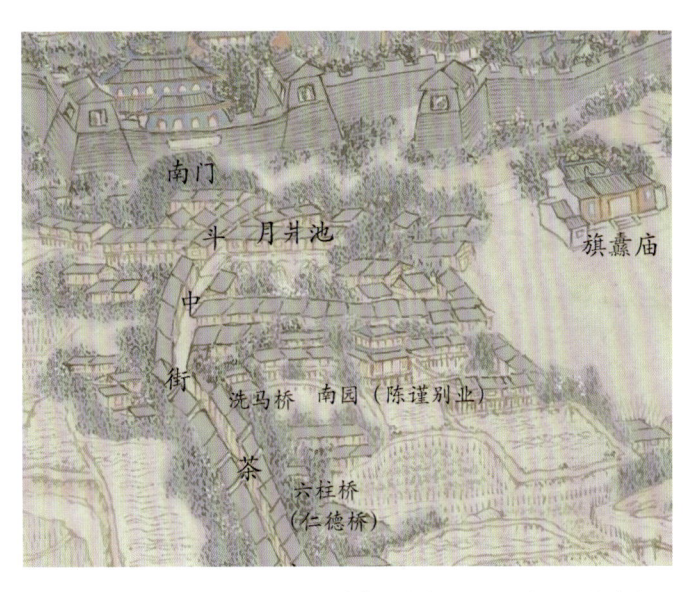

洗马桥周边。其东侧为南园,即明代状元陈谨别业

活力商都 台江史踪

六柱桥，现称仁德桥，横跨茶亭河，旧为木桥，以6根木桩为桥柱，俗称六柱桥，1928年改建为石桥，为花岗石单孔平梁桥，桥面两侧设护栏，今栏板和望柱无存。

仁德桥

洗马桥，《闽县乡土志》"地形略一·南台区"有记载："洗马桥，上与斗中街接，下与茶亭接，铁器贸易之所。"即洗马桥位于斗中街和茶亭街交界处。

延伸阅读：洗马桥的传说。闽王王审知派一名叫豆馨的武弁去贵州买马，临行前陈靖姑借他两个铃铛并叮嘱：买马时摇铜铃，良马自来，返程路上夜宿时摇铁铃，可保平安。豆馨依计行事，果然买回良马。王审知大喜，命马夫将马拉至南门外一条河中洗刷，此河因此得名洗马河，河上建桥名为洗马桥。

洗马桥

老地名的由来

几乎每一个老地名的背后都有一段尘封的历史往事，可以说老地名是一个地方历史文化的活化石。从老地名中，不仅可以窥见重大历史事件，还可以看出曾经在此生活过的普通老百姓的人生百态、悲欢离合，反映出当地特有的人文风情，极具市井气息。读懂台江的那些老地名，一个立体的台江印象便鲜活了起来。

至清末，台江的路网已经基本形成，许多地名沿用至今。通过讲述老地名背后的故事，便能更好地了解旧时台江老百姓的日常生活。

20 世纪 70 年代台江

瀛 洲

瀛洲位于台江东南部，东至鳌峰洲九门闸，西、北以瀛洲河为界，南临闽江。宋时，闽江泥沙淤积形成鸭姆洲、鳌峰洲、老药洲等，合称瀛洲。是时，水环沙洲，非舟莫渡，终年随舟漂泊的水上居民停泊于此；又因"无税捐之忧"，渐有人烟，并有长乐、连江等民众迁居于此，谋求生计。1930年，沿江岸建成6个码头，可以停靠3000吨海船，沿江地貌从而固定下来。

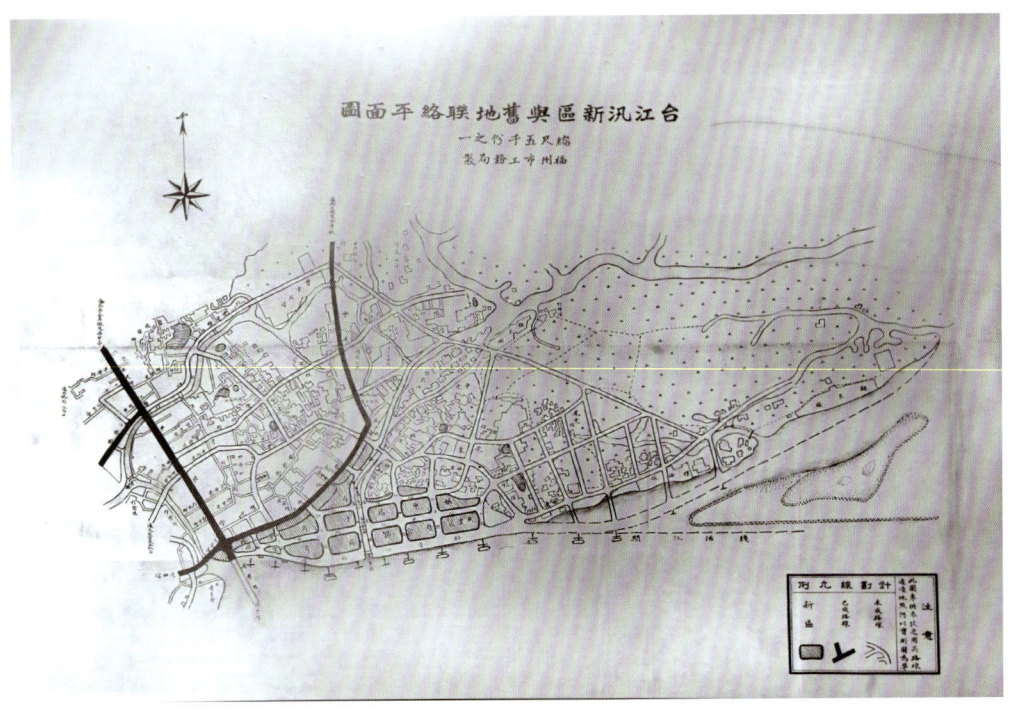

20世纪30年代台江汛新区与旧地联系平面图

鸭 姆 洲

20世纪30年代前，鸭姆洲没什么人居住，洲中沙坡也不好走，所以人称"鸭姆洲沙行坡"。台江6个码头建成后，排尾街、头挡街等热闹起来，好几家机器厂设于此。鸭姆洲上的老药洲，曾是一片沙洲，后与鸭姆洲合为一洲，相传曾有许多老鸦在沙洲上觅食,因此得名"老鸦洲",又因福州话"老鸦"与"老药"相近,故所在街称为老药洲街。

> 延伸阅读:鸭姆洲传说。相传长坑鬼想趁陈靖姑铺席祈雨时加害她。陈靖姑师傅急忙派四只鸭姆助阵,四只鸭姆衔住席子,护住陈靖姑至一片沙洲,最终战胜长坑鬼。因鸭姆立功,此洲得名鸭姆洲。鸭姆洲还传说,因陈靖姑曾在此除害,故蚊子不敢来。民谚"鸭姆洲夏季无蚊"却是真真确确的。

鸭姆洲。古人在沙洲上插竹竿编成竹篱,淤沙造地

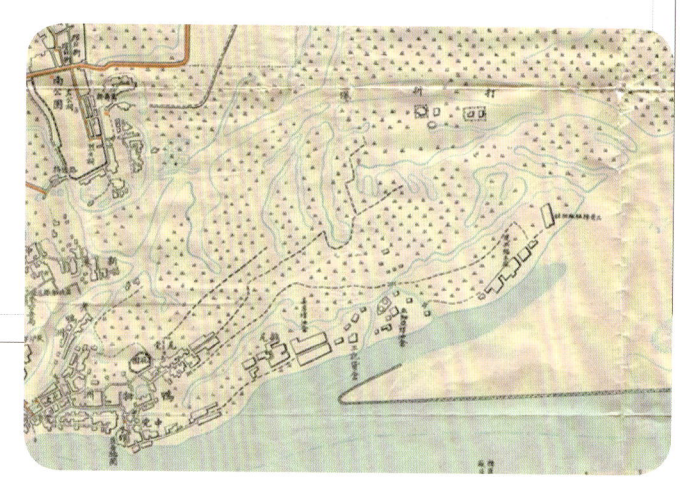

1928年,鸭姆洲上多为田地,但已有一些工厂沿江布设

鳌峰洲

清康熙四十六年（1707），福建巡抚张伯行在于山北麓鳌峰坊创建了著名的鳌峰书院。鳌峰书院经费仅靠官府拨款，难免捉襟见肘。恰好此时鳌峰洲一带洲地刚被开发，产权不明。为解决经费短缺问题，张伯行将这片洲地划为鳌峰书院的产业，此地由此得名鳌峰洲。

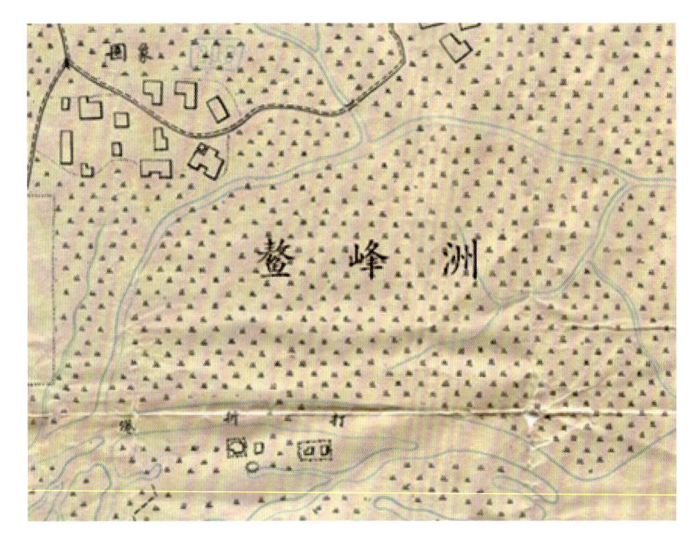

1928年，鳌峰洲还是一片农田

后 洲

后洲位于台江南部。北宋元祐年间（1086—1093），在今中亭街一带现出一个大沙洲，称楞岩洲。随着积沙越来越多，楞岩洲逐渐扩大并靠近相邻的苍霞洲、瀛洲等地。因位于大庙山（一说是中亭街）之后，故而得名后洲。后洲的台江路、江中路、江滨路一带，濒临闽江，明清时在此设"汛"检查防守，故名台江汛。中亭街、大桥头、台江汛是台江商店最为集中之地。明代诗人林鸿有诗句赞其"屠龙雄按剑，拂拭沧洲烟",一度更名沧洲。清道光年间（1821—1850）后洲因聚集了许多评话艺人而被称为"评话窠"。后洲的"伞骨帮"是福州纸伞业中制伞骨质量最好的艺人群体。

台江汛旧防洪堤

台江汛

中亭街

　　中亭街是历史上福州最繁华的街道之一，据1955年统计资料，这条古街上有198家店号，各类商品应有尽有，南来北往的人挤满街道。街两侧的巷弄极有特色，是手工作坊的集中地，如"鲎杓弄""麻油弄""铁线弄""灯笼弄""桶街"等。

民国年间的中亭街、大桥头路口　　　　　　　　　　小桥头的信华兴桶石店／林伟 提供

双 杭

　　上杭、下杭合称"双杭"，位于台江区中部，东起小桥头、水巷，西至三保街、

康熙年间的上下杭

大庙路，南以星安河与苍霞街道隔河相望，北到大庙山龙岭顶。双杭地名由来十分有趣。闽江水冲击大庙山西麓、南麓而成的上下两道沙痕，最初为可供人行走、船只停泊的"码头"，当时涨潮时走上痕，退潮时走下痕，因为福州话中"痕"与"航"同音，故又称为"上航""下航"，又因为"航"与"杭"同音，久而久之就形成了"上杭""下杭"两处地名，从中我们可以看出双杭的地名来源就与航船、贸易有关。

上 杭 街

上杭街位于大庙山、彩气山前，古称留饭铺，早先渡江者需投宿于此，近代发展成巨商齐集的一条老街。这里的商行往往"店、厂、宅"三合一，深宅大院，可通往下杭街。明代福建有八府，其中上四府为汀州、延平、邵武、建宁，下四府为福州、兴化、泉州、漳州，上杭街是闽江流域北部"上四府"商客入省会的居留地，有建郡、绥安、邵武、江西南城等一府会馆，还有浦城、泰宁、建宁、周宁等一县会馆。

上杭街，摄于 2007 年

白 鹭 楃

在彩气山南麓。原靠近闽江，是一个小小的渡口，江边树林茂密，有许多白鹭白天在江边觅食，夜里栖息树上，早晚时分则成群结队在江面上空飞翔，故称白鹭

活力商都 台江史踪

榠（榠，即巢穴的意思）。俗语"峭壁高崖白鹭树，货船停泊上下杭"讲的就是上杭路峭壁上白鹭栖息的大树，既高且大，一直都作为航标，指引往来船只停泊于此。

《闽县乡土志》载："有台江书院，建于国朝康熙间，今改为台江两等小学堂。其地俗又名白鹭榠。学堂之西有台，台下巨石嶙峋，高数仞，突起一石，尖峭如犀角，形极逼肖，故名犀石。"有石刻"犀角"二字。

犀石

白鹭榠

汤 房 巷

汤房巷横贯上杭街与下杭街之间,地下有温泉,清代时建有澡堂(福州话叫"汤房")。乌烟灰工与油漆工同池洗澡而引发斗殴,闹出命案,从此澡堂被禁,改为民居。为何洗澡会引起两个工种的手工人者间的打架斗殴?原来乌烟灰遇水则浮于水面;而油漆不溶于水且有黏性,油漆工泡在汤池中,池中的乌烟灰则粘在他们身上,越洗越黑,故而引发斗殴,直至打死人。

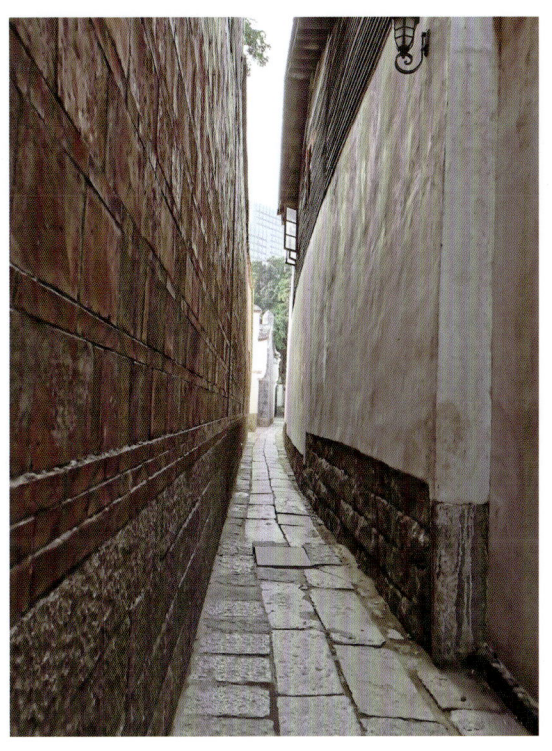

汤房巷围墙高耸,长达128米、宽仅1米,雨天打伞之人需侧身才能通过,现成为一条"打卡"名巷

龙 岭 顶

龙岭顶,位于大庙山半山腰,南通隆平路,北达洋中路。连接岭脚与岭顶的那条曲曲折折的巷子叫"龙岭巷"。旧时福州人有重阳节登大庙山的习俗,龙岭顶作为通往大庙山顶的一条主要道路,重阳节当日,自岭脚至岭顶沿途都摆满了地摊,

小摊小贩向路过的大人、孩子兜售各种小玩意及福州特色食品,热闹非凡。而在平时,则是福州人进出城的通道之一,人来人往,充满商机。民国时,龙岭顶上的依五炒粉店、马幼源画像店、兰庆一膏药店等店铺非常出名。

大庙山登高石,位于福州四中校园内

龙岭顶旧牌坊

延伸阅读:龙岭顶地名源于一个传说:很久以前的某一天,一个和尚在岭顶的古井打水时,感觉桶极重,提上来时发现桶里有个铁链,霎时风云突变,雷电交加,暴雨倾泻而下,一条巨龙从井中蹿出,飞向天际。

龙岭顶水井和古街

下杭街

下杭街,号河泊铺、锦江铺,原仅东段称为下杭街,现将西段的上、下靛街也延伸进来。清末民国时期的下杭街是"下四府"商人的聚集地,特别是兴化帮的大商家聚集于此,所以下杭街也被人们称为"兴化街"。建有兴安(莆仙)、南郡(泉漳)两大府会馆。

下杭街，摄于 2014 年

星 安 桥

星安桥，二墩三孔拱桥，横跨星河巷三捷河，南侧连着法师亭。因地近福星铺和安乐铺，各取一字作为桥名。桥侧栏板有"乾隆丙午（1786）建""嘉庆乙丑（1805）重修""垂裕堂张重修憔善社监督"等题刻，此后清光绪十六年（1890）、清宣统二年（1910）和 1925 年多次重修。

星安桥

潭尾街

大庙山上有钓龙台，明王偁诗句"空潭龙去山河改"，说明大庙山上还有较大的池潭。宋元时期，大庙山南麓街市已经兴起，故以"潭尾街"来命名。据林枫《榕城考古略》记载，潭尾街上立有宋米芾书写的"全闽第一江山"石碑。只是不知何时古碑被移到大庙山腰。这条街上著名商铺有曾长兴土纸行、黄泰成土产行、泉裕钱庄、倪天兴板行等。

延伸阅读：相传家住潭尾街的一位富家少爷与一名风尘女子相恋，后外出经商，归来时为试探女子心意，故意装穷，结果被女子嫌弃。富家少爷一气之下烧了檀香床，檀香弥漫整条街，因"檀"与"潭"谐音，得名潭尾街。

潭尾街

隆 平 路

隆平路，这个名字是 20 世纪 50 年代扩建时新取的，含原龙岭顶、上油巷、下油巷、河泊道等，汇集有广芝林药材行、裕兴颜料行、刘天记棉布行等知名商铺。建国前夕，该处也是著名的纱布、银圆交易市场，还有宝来轩饼店的"猪油炒米"，闻名遐迩。

隆平路景

> 延伸阅读：油巷下之名的来由有一个有趣的故事。相传古时有一个贪官，名叫许悠，喜爱搜寻奇珍异宝。他在福州任职时，盯上了闽越王无诸墓，盗挖时发现祭台小油灯旁写着"许悠许悠，挖我坟墓，罚你添油"几个字，心里害怕不已，让公差往里添油，却发现怎么也填不满。原来该墓与一条小巷的阴沟是连通的，油都流到了那一条阴沟里。附近百姓纷纷前来装油，这条小巷因此得名"油巷"，该巷又一路连通至龙岭顶下，就有了"油巷下"之名。

延平路

清雍正九年（1731），清政府在南台设水师营，巡防万寿桥沿江一带至闽安镇外的出海口。清雍正十二年（1734），海防同知署移驻延平路霞浦街，管理南台民政和诉讼事务，故称海防前。海防前商业气息浓厚，有德昌京果行、裕来昌进出口商行等，有聚义肉燕、信义葱肉饼以及"三轩一兴"光饼等美食，还是"贻顺哥烛蒂"中马贻顺丝线店所在地——海防前南端的石狮兜。

"贻顺哥烛蒂"剧照 / 福州闽剧院 提供

延伸阅读：闽剧传统讽刺喜剧《贻顺哥烛蒂》，取材于福州民间故事，人物原型是清末台江海防前丝线店老板马贻顺，吝啬成性，中年未娶。船工陈春生离家远航，中途覆舟，误传死讯。马贻顺早慕陈春生妻子林春香貌美，乘她新寡及家中困难之时，暗中以高利贷谋娶。陈春生覆舟遇救，十年后回到福州，路过丝线店，巧遇林春香，得悉改嫁缘由，愿出重金让马贻顺另娶，接回林春香。马贻顺不肯履约，官司打到了海防分府王绍兰。王绍兰的夫人出谋，让春香假死，公堂上考验陈春生与马贻顺，谁愿领"尸"回去者，领回春香；不愿领者，另赏红包。陈春生重情，情愿领"尸"；马贻顺贪财，愿受红包。最终陈春生夫妻重聚，马贻顺重财失妻，最后仅得一截烛蒂（蜡烛头）。马贻顺的形象类似19世纪法国著名作家巴尔扎克笔下《欧也妮·葛朗台》中的老葛朗台形象。《贻顺哥烛蒂》也被称为中国的《吝啬鬼》。"贻顺哥烛蒂"成为福州话中"吝啬鬼""奸狡利""十绝哥"的代名词。

义 洲

  义洲位于台江西隅,相传每逢闽江汛期,南台海防防汛的锣夫就在义洲日夜值守,若侦得闽北汛至则敲锣示警,故称锣夫洲;又因此地是南台最外面的洲地,所以也叫外洲。福州话"外"与"义"同音,所以义洲的名称就流传下来。闽江上游的木材"放排"停在义洲,因此"柴行"(木材行)扎堆义洲街,鼎盛时期达30多家。

义洲街,摄于2008年

帮 洲

  帮洲位于台江西南部,南临闽江。关于帮洲地名的来历有两种说法,一种是相传义洲形成陆地后,其边上水域泥沙逐渐淤积,又形成洲地,因紧傍义洲而得名帮洲;另一种是《福州百科全书》指出帮洲"古系闽江沙滩,后冲积成沙洲,帮于南台,故名"。两种说法虽略有差异,但都说出了帮洲一带是闽江泥沙冲积成陆地的。

  清中后期,帮洲一带各类商店和批发行号星罗棋布,市场极其繁荣。特别是三

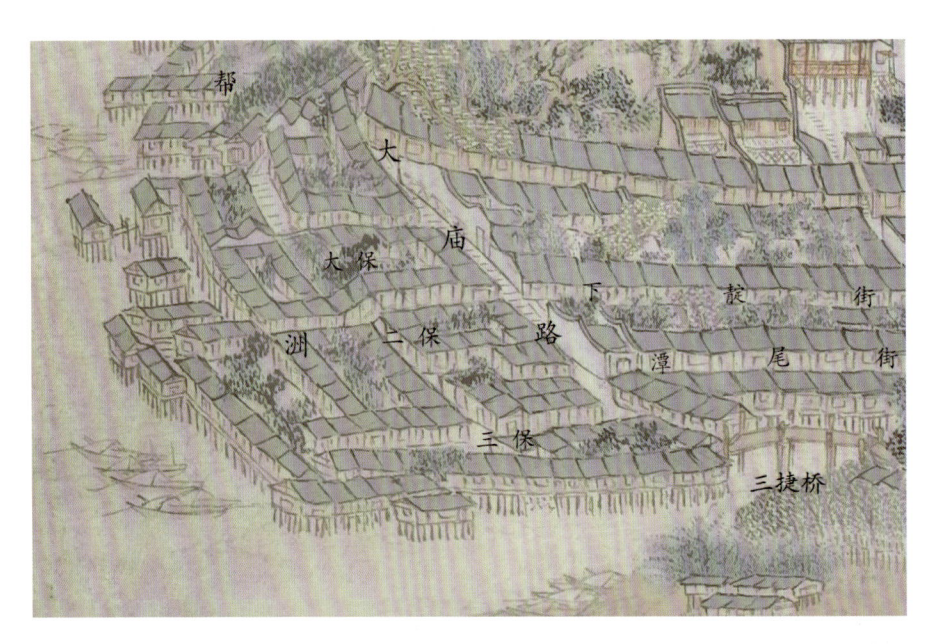

康熙年间的帮洲

保、万侯两街有数十家粮行,是福建重要的粮市。同时,还有木帮、笋纸帮、油帮等,多为闽清、永泰、古田等县商贾经营,故设有闽清会馆、永福会馆、古田会馆等。

"木帮永庚百寿会"木牌 / 林伟 提供

延伸阅读：据福州大学程利青老教授回忆，20世纪50年代初，他住在彬德桥边的帮州街，见过卖人丹万金油打蛔虫药的"马仔"。那卖药的"马仔"背一个装药的大木箱走街串巷，边走边用福州话吆喝。他身后往往有一群小孩跟着学唱。记得唱词："透虫饼（打蛔虫药）疳积散人丹万金油，头痛不老（肚子）痛脾胃胀干积野拿（消化不好、拉肚子），仆（趴）尼眍鞋（会）流揽（口水）牙咬博博叫，这都是病甘虫（蛔虫）毛病。做公马（爷爷奶奶）做罢奶（父母）花小钱做大事，食我蔗（这）病干虫饼毛（没）病毛痛身体鞋（会）健康！"

三保街

广义的三保街，是由五条街构成的一个"井"字形格局的街区，从一保"前街社"始，到五保"纯良社"止。狭义的三保"横街社"正好居中。清、民国时期，横街社又是这个社区的零售业中心，故惯常以"三保"总名这个社区。

拆迁改造前的三保街。台江传统商圈中，台江汛以货运码头为主，中亭街以零售为主，上下杭以批发物流为主，三保以批发零售为主。

苍 霞 洲

苍霞洲位于台江区南部，因隔江面对盐仓前（今仓前山），本名"仓下洲"。"仓下"与"苍霞"同音，故名；另一种说法是，此地曾盛产白虾，故称"虾浦"，后误作"霞浦"，最后衍化为"苍霞"。及至明朝，文人骚客有感于仓前山晚霞倒映在闽江的美景，将"苍霞晚照"列为南台十景之一，"苍霞洲"之名就沿用至今。

清康熙年间的苍霞洲

民国年间的苍霞洲，江面上停着木排

法 师 亭

法师亭始建于宋代，清初成为庙亭，而后在法师亭附近居住的人口越来越多，慢慢衍生成村落，法师亭由庙名成为地名。法师亭，坐西南朝东北，由门额、大殿等组成，大殿两侧马鞍墙现仍保存清代壁画若干，十分珍贵。法师亭供奉的是"闾山陈法师"，《闽都别记》记载了陈法师曾帮助张真君打败长坑鬼的民间传说。清初至五口通商前，从仓山龙潭角摆渡过江，在苍霞洲道头上岸，经陆地穿行到法师亭，过星安桥，越龙岭顶进入福州城，是当时的交通要道。

法师亭及其壁画

三县洲

相传明成化二十一年（1485）五月间，闽江发大水，在仓前山与苍霞洲之间的闽江中，冲积出一片沙洲。闽县、怀安县、侯官县三县农民竞相登洲，插竿围地，引发械斗。后由福州府治判决，归三县共有，故名"三县洲"。

清末三县洲上民房林立

中平路

清光绪年间，大桥头西侧通往苍霞、双杭的一条被称为田垱的小街开始热闹起来，民国时已十分繁华，扩建后称"中平路"，其间茶楼酒馆、戏院书场、歌厅舞池、妓院赌场、鸦片馆等一应俱全，较为著名的菜馆有浣花庄、广复楼、定聚楼等，该处还因妓院众多，被称为"花街"，是当时商贾官僚的娱乐销金窟。

中平路口，摄于2007年

洋 中

洋中位于台江中部，地势低洼，原为水域，后为水田，俗称洋垱。为方便行人，在路中修建了亭子，称为洋垱亭，即洋中亭。1934年石板路改建，以亭为名，取名洋中路。路旁有明代状元龚用卿之墓，墓地规模很大。清末始

清康熙年间洋中一带

渐有居民定居。1928年随着马路的修建,这里聚集了众多手工作坊,主要有家具店、伞店、袜厂、镜箱店、皮鞋店、玻璃店、车只店等。

延伸阅读:福州三宝之一——纸伞。福州多雨,伞是福州人居家必备的工具之一,福州有一俚语"包袱伞",意指福州人出门的包袱中必带伞。福州的纸伞业繁盛于清中叶,当时大部分纸伞店集中于洋中亭一带。福州纸伞质量极好,不论日晒、雨淋、风吹,都不破裂、不褪色、不变形,还可防雷电。清嘉庆十三年(1808)杨常利创立的"双喜牌"纸伞,畅销省内外,1915年巴拿马万国博览会获优胜奖。

福州纸伞

内河水系与古桥

由江海冲积而成的台江，是地道的江南水乡，区内水网密布，桥梁纵横，河道、桥梁与人们的社会生活须臾不离，其历史文化积淀也深厚。

内河的名称来源很多，归纳起来主要有以下几类：有的来自地名地标，如瀛洲河、新港河、达道河、路通河、茶亭河、太平河、新透河、新桥仔河；有的与方位方向有关，如东西河、济南河、浦东河、浦西河；有的与名人相关，如王庄河；有的来自功能，如三捷河、洗马河、大航河、打铁港；有的来自民间传说与信仰，如白马河；有的带有时代特征，如光明港、红星河、大庆河、奋斗河。

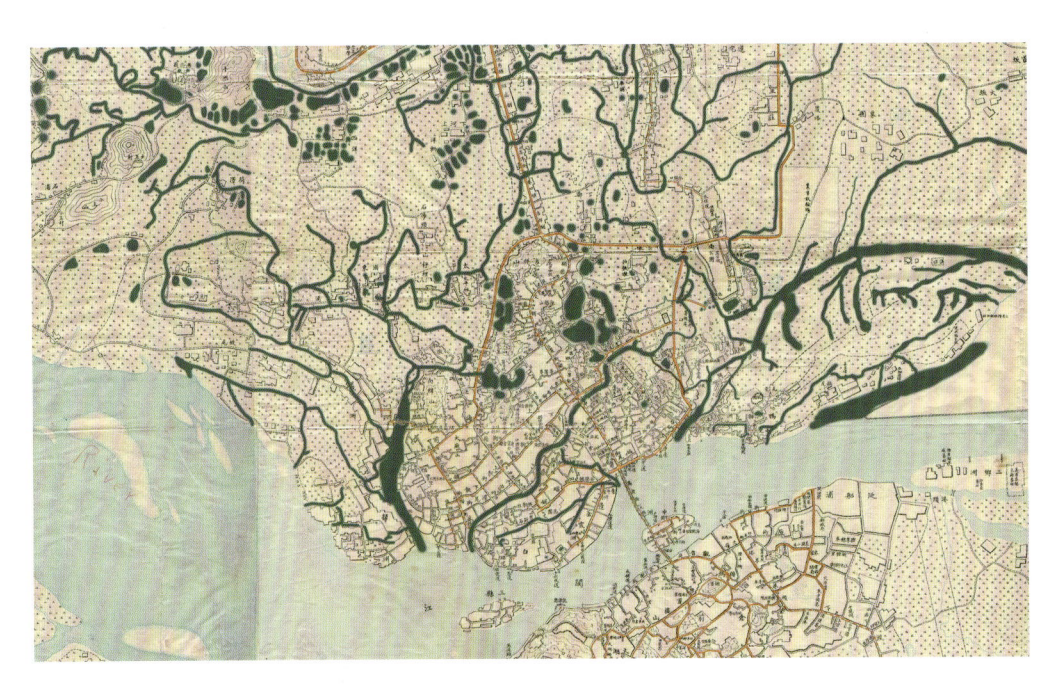

1928年台江内河水系和湖泊

> 延伸阅读：打铁港河名有多种说法，一说打铁港河道弯道多、码头多，打铁铺多，主要生产供造船用的铁钉，故河道也取名"打铁"。另一说，福州话"打铁"与"打劫"同音，这里曾多次被倭寇打劫过，故俗称"打劫港"。

桥是水的纽带。"逢山开路，遇水架桥"，台江先民在面对滔滔闽江和众多内河时，唯有建桥跨越，方能生存和发展。"闽中桥梁甲天下"，台江桥梁还以其历史悠久、技艺精湛、式样众多、规模宏伟、风俗浓郁著称。《福州内河史话》一书就罗列了台江古桥50座，它们泼洒在台江大地上，构画出一幅幅靓丽的风景线。台江古桥梁多结合地势，选取适用且兼顾经济性的方式和材料建造。河口三角洲江潮互涌涨退，石材开采运输方便，常建以石桥，但建造成本高；如果河道不是很宽阔，经费又紧张，就常建以木桥。民国时期，配合马路建设，新建了大量通行车辆的桥梁，1914年福州第一条马路修建时就建有桥梁14座，其中五座为石砌，余为砖砌。1949年台江区桥梁40%为砖、石拱桥，余为石梁桥和木桥。

台江现存知名古桥

桥名	地点	长度（米）	宽度（米）	始建年代
马祖道桥	隆平路	20.3	6.9	民国初年
仁德桥	斗中路	17.2	2.1	1928年
白马桥	白马河上	74	3	清末
彬德桥	帮洲街	28.7	2.7	明朝
河口万寿桥	打铁港	76	2.6	清康熙七年（1668）
透龙桥	沧洲北路	15.7	5.7	清同治四年（1865）
路通桥	新港道	30.7	3.6	清道光年间
星安桥	星安巷	18.3	2.1	清乾隆五十一年（1786）
三通桥	新桥仔河上	36.7	3.1	清嘉庆十一年（1806）

活力商都 台江史踪

路通桥和武圣庙

第四章

万帆争竞 商贸枢纽

WAN FAN ZHENG JING　SHANG MAO SHU NIU

　　1840年6月,鸦片战争爆发。西方用坚船利炮打开了中国的国门,鸦片战争最终以中国失败并赔款割地告终。1842年8月,中英双方签订了中国近代史上第一个丧权辱国的不平等条约——《南京条约》,条约中要求中国开放广州、厦门、福州、宁波、上海五处为通商口岸。而对于福州这座东南沿海的著名海港城市而言,五口通商也翻开了它近代史的第一页。

　　台江是福州商魂的发源地。说到台江近代史,自然离不开台江的近代商贸史,其核心组成部分就是民族工商业。故本章以台江民族工商业由五口通商后的初步发展,到清末至民国早期的快速发展,再到抗战爆发后步入寒冬的发展历程为主线,以外资涌入、人民抗争等为副线,串联起台江的近代史。

世界级的贸易行业

起先，福州是否作为五口通商城市还颇具争议。清廷官员，特别是闽籍官员对福建一下子开放两个口岸表示担忧，一是福州作为省会开放通商，有献媚外夷之嫌，是尊严问题，二是担心影响海防。但由于福建茶叶特别是武夷茶名扬海外，深受英国人喜爱。清代福州名宦梁章钜曾在他的《归田琐记》中提到"中国之茶叶，而崇安所产尤为该夷所醉心"。又因为当时中国实行海禁政策，武夷茶叶贸易只能经陆路运往广州、上海再出口销售，所耗费的时间、经济成本巨大。若从闽江顺流船运到福州，直接出口是最便利最经济的选择，故英国坚持要求开放福州。最终在英国的强硬要求下，福州还是作为五口通商口岸开放了。

清末武夷茶叶装船情景

开埠后，由于很多茶商尚未习惯在福州出口，还是选择绕道广州再出口，所以最初福州的对外贸易并未全面发展起来。在五个通商口岸城市中，福州贸易成绩垫底，第一年不见外国船只；第二年贸易价值仅为 37500 元；第三年和第四年又不见外国船只。

1851 年太平天国运动爆发，江南各地陷入战乱之中。武夷茶的陆上通道被打断了，茶叶才开始大规模从福州出口。

至此之后，外国海船频繁进出闽江口，台江港由此成为近代中国东南沿海对外贸易的重要口岸。台江地区商业逐步发展壮大，尤其是被誉为福州经济"金三角"的上下杭一带，作为福州商贸最繁荣的区域在近代福州乃至福建的经济史上都留下了浓墨重彩的一笔。

台江位于江、海交汇之处，得其"双利"。闽江上游的广大腹地，顺流而下可供贸易的充足货源，海上丝路和江海渔货又从这里逆流而上，"上航"与"下航"就在这山与海的物物贸易中兴旺了起来。

当时，台江港常见诸多贸易船舶：有洋船，有通行于福州与南方各地的"福船"，有航行于山东、上海、温州、宁波之间的"山东船"，有航行于福州至三都澳、沙埕港、

1948 年停泊在台江江面的远洋船只，有福船、山东船、机帆船、小木船等

涵江、泉州之间的帆船，还有航行于闽江上游的木船和顺流而下的木排，万船云集，樯帆蔽日，贸易繁荣可见一斑。

提到了繁荣的台江码头，首提台江商业支柱行业之一的茶叶贸易。早在宋代，福建就已向开封府输出茶叶。福州开埠后，随着外资的不断涌入，很多民族手工业，如棉纺织业、榨油业等大都失去市场，发展陷入停滞，只有茶叶这一洋货在短时间内无法取代的产品迎来了大发展机遇。甚至可以这么说，福州之所以成为五口通商口岸之一，就是因为福建茶叶的出口需要。

福州茶市超半数茶叶来源于闽北地区。19世纪60年代到20世纪初是福州茶叶贸易最盛的时期。当时福州茶叶年出口量可以达到70多万担，最高时占福州港全年出口总值的80%。五口通商后，福州成为了我国的三大茶市之一。《福州台江与东南海陆商业网络研究》一文中写道："在1871—1873年，中国年平均出口总值为11000万元，其中茶叶出口值为5797万元，占52.7%。而福州口岸输出的茶叶价值又占全国茶叶的35%至44%。"福州茶叶的主要销售地区包括以花茶为主的北方各地，以红茶为主的英国，以绿茶为主的非洲，以砖茶为主的俄国等。

茶叶贸易的兴盛，使得福州成为了名副其实的"世界茶港"，而台江逐步发展为全省最大的茶叶中心市场。除了来自闽北的毛茶在福州加工为绿茶，还有很多如红茶、青茶、白茶等已加工好的茶叶也会运至台江。各大茶行主要集中在台江的上下杭、苍霞洲、福全社、荔枝下一带，其中下杭街、下靛街（现下杭街西端）就汇集有10余家大茶行，包括老一辈人熟知的"生顺""富春""宏春"等。

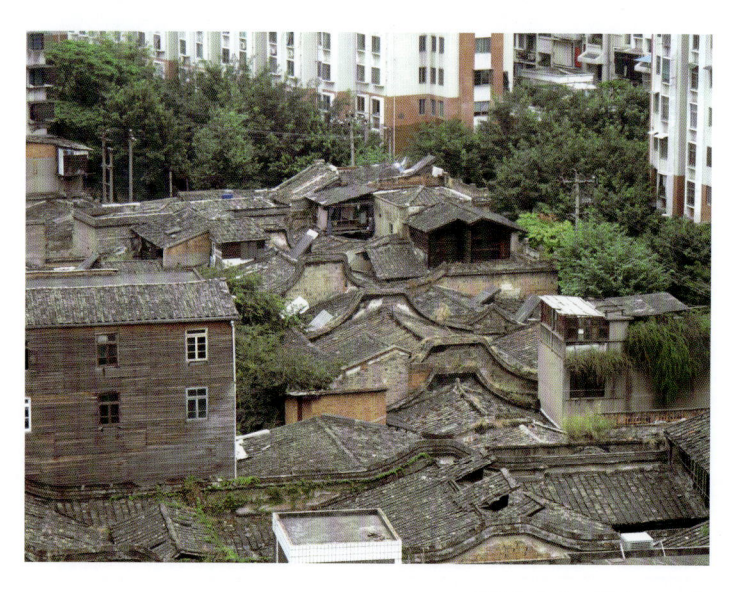

下靛街鸟瞰，摄于2009年

提到茶叶行业，不能不提两大茶行。一是由长乐欧阳家族开设的生顺茶栈，属"恒远堂"芽茶帮旗下，其名由帝师翁同龢所取，意为"生生不息，一帆风顺"。生顺茶栈位于下藤路，占地2000多平方米，建筑功能丰富，含收购、加工、包装、销售、客栈、宅院于一体，茶叶销量冠于福州。为了方便运输，生顺还成立自己的运输公司——乾泰轮船公司，专门运输自家茶叶。它的掌门人欧阳康也被誉为"东南茶王"，声名远播，当年欧阳家族的花茶商标就是欧阳康本人的头像。

欧阳家族首创脂肪冷吸法来萃取茉莉花精油，此法沿用至今；同时他们也是中

生顺茶栈旧照

生顺茶栈建筑内景

国茉莉花鼻烟灌香的始祖。清末北京盛行鼻烟壶，特别流行以香花熏窨制作的鼻烟，而欧阳家族敏锐地察觉到了这一商机，将茉莉花熏制成茉莉花熏茶，在北京畅销一时。

欧阳家族不仅在国内经营得风生水起，还积极扩展海外市场，在印度、日本、印尼等国设有茶市。因茶品好，生顺茶栈的花茶还被当时的香港总督推荐给英国王室，成为福建茶叶销往海外第一家，特别是其选用花中精品——单瓣茉莉花制成的名贵花茶，深受西方贵族喜爱，出口价为同期绿茶、红茶价格的数倍，每担高达80两白银。

"一枝春"茶盒的包装设计十分讲究,是当时人首选的送礼佳品

生顺旗下还按照购买人群的不同,开设了诸多子品牌,如价格适中、适合大众日常饮用及赠友的"一枝春";价格低廉、适合穷苦百姓的"阜兴春";还有价格高昂、原料优良、适合贵族富豪的高端产品"第一峰",该产品在1915年巴拿马万国博览会上获得银奖。

延伸阅读:生顺茶栈里的红色故事

1938年,地下党员郑挺接到党组织的任务,要求寻找一处合适的地点作为即将成立的"中华民族解放先锋队"福州分队的据点。爱国进步青年欧阳天定毫不犹豫地提出设立在他们家的生顺茶栈中。生顺茶栈位置极佳,前门通下杭,后门连上杭、何厝里,左右也与其他建筑互通,且由于茶栈规模巨大,既是销售的场所又是加工厂还是欧阳家住宅与茶商客栈,人员往来流动量大,地下党员可以以茶商、工人的身份进入茶栈而不会引起怀疑,故该处非常适合作

生顺茶栈的"护封"印(防伪标志)

第四章 | 万帆争竞 商贸枢纽

> 为地下据点。1938年6月在生顺茶栈当家人欧阳康的默许下,"中华民族解放先锋队"福州分队(简称"民先")在茶栈成立了,郑挺任队长,欧阳天定任副队长。
>
> 成立后的"民先"创立了进步报刊《大家报》与《时事报导》,组织街头讲演与游行活动,开设夜校,教唱抗日歌曲,排演抗战话剧。欧阳家资助2000银圆购买了油印机、油墨等一系列的印刷设备供"民先"刻印先锋队宣言。随着革命斗争地深入开展,欧阳天定、欧阳天年等"民先"成员正式加入中国共产党。1939年,欧阳家再次出资支持"民先"带头组织的"拥护国联援华制日大会",为抗日救亡做出了贡献。

二是洪家茶帮。1878年闽南人洪天赏在台江创立了洪怡和商号,后改名为"洪怡和茶庄",之后又开办了"福胜春茶庄""洪春生茶庄"。到了第二代经营者洪发绥经营时期,洪家茶的年销量已达4万多担,在海内外开设了30多处茶庄及代理商。这一时期是洪家茶发展的辉煌时期,洪家茶帮被称为苍霞茶帮之首。1933年,洪家茶在芝加哥世博会上摘得银牌奖章。由洪天赏研发的"青岐岩莲香"已有超过百年历史,是红茶中的名品。现今,百年洪家茶红茶制作技艺已成为市级非物质文化遗产。

> "青岐岩莲香"中的"青岐"是指洪家人的家乡青岐村,"岩莲香"既指茶汤质地优良如岩石一般,又指茶味幽香如莲花,还寓意做人应如岩石般有骨气,如莲花般出淤泥而不染,保持高洁的人格。

"青岐岩莲香"旧茶罐

活力商都 台江史踪

除了茶叶，木材与粮食两大行业的发展共同带动了台江商贸的繁荣。

福建的主要木材产区是闽江流域的林区，其产量占了全省的三分之二以上，品种以杉木、松木为主，早在宋代福建就已向浙江输出木材。最初被辟为五口通商口岸时，福州最大的出口货其实是木材。1846年，英国驻福州领事在报告中写道："在（福州的）出口贸易中，木材是最大的一项。几乎占全部出口贸易值的十分之九。完全是由于庞大的木材出口，福州才成为有名的商港。"台江位于闽江下游，义洲、帮洲一带水流平缓，适合木材停泊，木材业对于台江乃至福州商贸的发展都具有举足轻重的作用。

抗战前，台江木材的外销地分布广泛，国内包括天津、青岛、烟台等北方城市及广州、宁波、上海等南方城市，其中最主要

"福胜春"茶行生产场景

正在修复的福胜春制茶厂旧址。1901年，洪春生茶庄（即福胜春茶庄）在中选设厂，二层砖木洋楼为当时福州一流厂房，后福胜春茶庄出品的茶罐上曾印有本建筑照片

第四章｜万帆争竞 商贸枢纽

民国年间闽江上运输木材的福船。图中可见，木材外挂在船舷两侧

的地区是上海和天津，国外市场主要为菲律宾、印度、日本等地。

因售卖的品种不同，台江木行有杉行和松行两类。杉行主要分布在义洲、帮洲一带，这一带曾汇集了大大小小的木行几十家。松行分布较为分散，规模较大者多集设于台江。"林太和木行"在台江木行中较为著名，现在义洲"太和埕"这一地名就是来源于此。

当时的木贩又称"伙贩"（"伙"旧时同"火"），看到这里一定会有人好奇，"木"与"火"明明是不相容

清末停靠在苍霞洲的木排

的东西，为什么要这么来称呼呢？这是因为早期木材大多在江边加工，会留下大量的木屑，一旦起火，损失不可挽回。为了避免火灾的发生，当时木贩认为以最害怕的东西作为职业的命名方式，可以"以毒攻毒"，"伙贩"之名由此产生。义洲白马桥东侧曾有一条"伙贩街"，是当时伙贩集中的一条街，台江民间歌谣"义洲有柴行，柴行叫伙贩"指的就是这里。

随着杉行越办越大，出现了负责协调客商及同业之间关系、保护行业稳定发展的"福州杉行公会"，因"杉"加"木"为"彬"，又称"彬社"。彬社积极参与台江救火、义葬等慈善公益事业，因木材消防救火的需要，彬社还成立了福州民间最早的救火组织——"嘉崇八铺木帮彬社救火会"。

从伙贩街一侧拍摄白马桥

粮食产业与茶业、木业相类似。福州既不是茶叶、木材的产区，也不是主要粮

清末白马桥。为方便木材运输，彬社集资拆除了原伙贩街泰山庙旁的木桥，建设了石桥白马桥，重建后的白马桥为平梁桥，桥下就是大型的木材贮运场

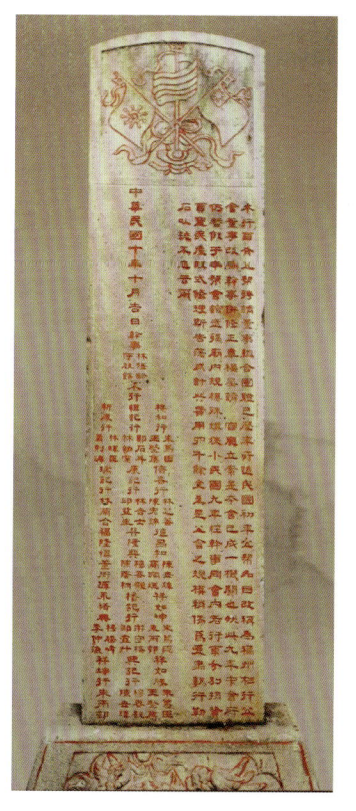

1921年福州杉行捐修会所石碑

彬德桥始建于明朝，后由彬社筹资重修，命名为"彬德"二字，就是为了表彰彬社修桥的美德。桥上刻有"彬社重造""彬社三次重修"等字样。彬德桥采用平梁和拱桥结合的桥梁设计，平梁桥底可通小船，圆拱可通大船，这一桥式在古桥中难得一见。

延伸阅读：救火会的历史

台江贫民区遍是简陋、低矮的连片棚屋木房，人们用纸糊墙壁，发生火灾后极易扩散，造成房屋连片烧毁，损失极大，被称为"纸褙的福州城"，再加上台江的很多行业经营的都是易燃品如纸、木、油等，所以防火问题一直困扰着台江的商人与百姓。在此背景下，救火会诞生了，最早的救火会是由木帮组织成立的"木帮彬社救火会"，后纸帮、油帮等也纷纷成立了行帮救火会。除了行帮外，苍霞、瀛洲、双杭、龙潭、帮洲、义洲、横山、茶亭、达道、万寿等地区也成立救火会。各救火会的会长大多由有声望的大商户老板担任。

为统一各救火会力量，更好地发挥救火会的作用，1919年各区域、各行业救火会联合成立了福州救火联合总会，会址设于三山会馆。旧时火灾报警为鸣炮撞钟，需要在高处才能更好地传递报警声。1926年福州救火联合总会在大庙山建造钟楼，设瞭望楼；1947年总会迁址吉祥山，同时新建报警瞭望楼，可以看到近半个福州城。瞭望楼每日专人轮流值班，南台某处不幸发生火灾，值班人员发现后会先鸣炮后撞钟，钟响次数代表方位。各救火会听到警报后立刻赶往营救灭火。

救火会除了消防救援外，还会组织消防宣传，开展慈善事业，向灾民施医、施粮、发放赈济款等。

救火会救灾现场

食产区。自宋以来，福州一直属于缺粮地区，民国时期虽有大量人口外流至东南亚地区，但福州每年的粮食缺口仍达270万担。正因缺粮严重，福州很早就有粮食贸易。明代福州的粮食主要来自闽北地区。随着闽北人口增加，输往福州的粮食逐渐减少，为填补粮食的巨大缺口，福州从外省输入粮食。五口通商后，长江流域成为了福州粮食的重要来源地，民国时期福州每年从上海输入数万担至数十万担的大米和五六十万担面粉，还从东南亚等国购买输入粮食。台江一直是福州的粮食集散地和运输中转站，据1949年的统计，福州市的粮商和米贩540多家，多集中在台江的万侯街和坞尾街一带。当时各地向福州输送粮食的船只主要停留在潭尾街和台江码头，潭尾街主要接收闽江上游的粮食，而台江码头主要接收沿海及海外的粮食。

总的来说，福州的茶、木、粮贸易由来已久，五口通商后，被推向了更高处，成为台江传统商贸的支柱产业。与此同时，随着开埠涌入的大量外国资本也正改变着台江的商贸格局，台江近代民族工业就在这纷繁复杂的经济环境中破土萌芽，艰难成长。

1948年台江码头上挑稻谷的女人们

洋资涌入与工商业初起步

五口通商后，外国资本涌入台江，设洋行、办工厂，从此台江工商业发展进入新轨道。

洋行是外国资本家开设的商行，先是英国，后美、德、法、俄、日等国也纷纷在福州开设洋行。1844年英国商人记连在台江横山（今台江吉祥山附近）开办的"记连"洋行是开埠后较早进入福州的洋行之一，此后"紫云天""况壶天"等洋行相继创立。这些洋行在外国领事馆的庇护下，利用特权大肆倾销洋货，控制市场，掠夺财富。一些洋商为了垄断福建茶叶的海外市场，大肆采办茶叶，控制福建茶叶的出口权。当时福建茶商收购的茶叶也需卖给洋行，再由洋行出口。

除了垄断市场外，有的洋行如记连洋行甚至在福州贩卖鸦片非法获得巨利；有的洋商仗势欺诈，侵吞保证金。如上杭街历史悠久的"黄泰茂"纸行的老板黄锦云向英商"卜内门"洋行预交保证金18400英镑，折合黄金3680两，被"卜内门"福州分公司侵吞。黄锦云向衙门申诉，却不予受理。"卜内门"上海总公司派人来福州调处该事，甚至以手枪胁迫，最终黄老板要不回保证金，无奈宣告破产。

福州开埠后，一些洋商开始在台江创办工厂。1864年俄国政府严禁通过俄国西部边界向欧洲输送茶叶。俄国茶叶商人只好走荒漠旱路，这就需要严控茶叶的体积。如能将茶叶压缩成砖型，就可以大大降低运输成本，这就是砖茶的由来。1872年，俄国公司在台江创办了福州第一家砖茶制造厂。四年后，台江已有三家俄商砖茶厂。

1880年，一位被称为冰厂婆的英国女商人在苍霞洲创办了"福州制冰厂"。冰厂于1882年正式营业，主营产品是夏天为福州的官商富绅及市民提供冰水。

1895年甲午战争后，外资来华投资办厂进入高潮。许多外商在福州设立了锯木厂、火柴厂等。1899年，英商德兴洋行在苍霞洲创办"耀明火柴公司"，因其原料使用的是易折断的马尾松，导致该火柴销量不佳，公司亏损巨大。后由英商天祥洋行接手，改名"福建火柴厂"，与福州本地商人合资经营。因多种因素影响，该厂于1905年倒闭。

第四章｜万帆争竞 商贸枢纽

在外商活跃的背景下，台江近代工业也开始萌芽。在俄商建立砖茶厂的同一时间，由华商创办的早期民族资本新式工业企业——悦兴隆砖茶公司也宣告成立，可惜好景不长，1876年就因亏损巨大而倒闭。这是台江民族工业的早期尝试，其意义重大。

1869年苍霞洲外国人产业分布图

1884年，洋务派代表人物、钦差大臣左宗棠在福州以劝业的形式，倡导商人创办近代工业企业。为与洋商竞争，左宗棠奏请在福州创办糖厂。他认为，办糖厂是为了"不夺民间固有之利，收回洋人夺去之利，更尽民间未尽之利"。当时中国民族资本积累不充分，民间商人能力不足，创办工厂需要政府的大力支持。福州糖厂虽明面上属于商办企业，但实际上还是在官方支持下创办的，带有官督商办的影子。福州糖厂选址苍霞洲，其动工兴建后，在左宗棠的大力倡导下，福州民族资本还创办了面粉厂（也位于苍霞地区）、工矿企业等。这些企业的创办者多为旧式商人，他们的经营理念、经营方式较为落后，导致多数企业因"经费不敷""集股无成效"等原因而倒闭。但作为福州近代民族工业的先驱者，其曲折的创业经历也为后来电气工业、木柴加工业、机器修造业、罐头制造业、碾米厂、玻璃厂等民族工业的创办与发展，提供了诸多有益的借鉴与启示。

福建官局造光绪元宝。1894年，福建官银局在苍霞洲设机器铸币厂，民间俗称"番钱仔厂"，主要生产银币，持续了20多年

左宗棠画像

97

近现代教育的兴起

福州开埠后,西方传教士来到台江传教并创办教会学校。1848年意大利传教士李宏志在茶亭奥尾巷创建"奥尾巷天主教堂",同年美国基督教公理会在保福山创设"保福山学堂",后改名"格致书院",迁往于山北麓的观巷,即今福州格致中学前身。

> 延伸阅读:私立文山女子中学斗争史
>
> 1927年,文山女中的学生积极参与福州"反文化侵略,收回教育权"运动,反对外国人主导中国的教育体系。在学生的抗争下,该校原美籍主理辞职,新任校长由中国人黄文玉担任。学校课程也有了一定的改变,不再以学习《圣经》为主课程。1929年收回教育权后,该校开始使用中文教材,改"四四学制"为"三三学制",改每日的礼拜活动为其他活动。1938年中共在文山女中建立党小组,后成立党支部。

文山女中支部党员合影

1853年，美国基督教公理会在保福山救主堂创办"美部会妇女学校"，又称"保福山女学堂"。该学堂包括中学部和小学部，中学部1918年改称"私立文山女子中学"，为现福州第八中学的前身；小学部为现台江区第三中心小学的前身。

私立文山女子中学师生

1905年美国基督教青年会传教士马拉林、裨益知在福州创办基督教青年会，原会址设在仓山。1910年，接任福州基督教青年会会长的闽籍爱国侨领黄乃裳与美国

位于苍霞洲的基督教青年会

1933年8月1日福州市乒乓总决赛在青年会举办

青年会室内篮球场

苍霞精舍

总统西奥多·罗斯福以及美国基督教卫理公会、美国基督教公理会、英国基督教圣公会等共同筹集资金,为青年会筹建新会址。新青年会会址设于苍霞洲万寿桥旁的闽江边,1916年建成。建成后的青年会并非专供基督教青年,而是允许所有青年入内,是当时福州青年参与各项文体活动的综合楼。楼内有篮球场、舞厅、泳池、健身馆、图书馆、西餐厅等休闲娱乐场所,也是福州首部无声电影的放映地。青年会还是当时科学知识与思想的传播中心,福州名流常聚于此,高谈阔论艺术和时事。

在西方教育的影响下,中国人也开始在台江创立新式学堂。1897年,林纾将其在苍霞洲的故居改造为新式学堂,名为"苍霞精舍",共同创办人还有陈璧、力钧等。与传统学堂不同之处在于,该校不仅教授儒家经典,还教授数学、英语、历史、地理、时务等课程。1898

年迁至乌山并改名为"绅立中西学堂"。1909年该校再次改组并落址吉祥山麓，更名为"福建官立中等工业学堂"，是福建省内第一所职业学校。

1904年，福州开智学会创办了福州私立开智小学，校址位于南禅寺。后扩办初中部和高中部，1952年初中部并入福州八中，高中部并入福州四中，1954年在其原校址创办了福州第十四中学。

吴石将军为我党隐蔽战线的英雄，曾就读于福州私立开智小学。福州私立开智学校师生积极参与革命，1911年辛亥革命福州起义爆发，开智学校师生积极响应，组建暴动队参与战斗。

1909年，台江商人张秋舫、罗金城等人在大庙山合资创办商立两等小学堂，后因资金问题停办。1922年罗金城之子罗勉侯复办并改名"福州总商会商立小学"，简称"福商小学"，1945年扩办初中部，1946年扩办高中部，二者统称为"私立福商中学"。中华人民共和国成立后，福商小学与平民小学（1925年李毓苍创办，位于延平路）合并为今台江第四中心小学，私立福商中学与私立四端中学初中部、榕工初级中学、开智中学高中部合并为今福州市第四中学。

在大量外资涌入及西方思想教育的影响下，台江民族工商业虽在夹缝中求生，但也迎来了发展机遇，清末民初台江民族工商业开始步入快速发展阶段，各行各业生机勃发。

"张真君殿前潮水两头涨"

在这些民族资本家振兴实业的努力下,台江工商业发展迅速,并于民国时期达到了鼎盛。福州的商业中心在台江,台江商业的核心在上下杭。

上下杭地处台江商贸的地理中心,南通码头,东接中亭街,西联三保,且地势稍高,易于排涝。其境内的张真君祖殿前的三捷河还有独特的汇潮景观,被人们赋予了"财源不尽滚滚随潮来"的美好寓意,再加上背靠彩气山,"彩气"同"财气"谐音,所以商帮都奉此地为"福地",并尊张真君为"商神",虔诚礼拜。

双杭商业发展于明末清初,繁荣于清末民国初,鼎盛于民国中期。在双杭商业最盛时,曾聚集有260多家商行,涵盖了29个行业。《福州

张真君祖殿

第四章 | 万帆争竞 商贸枢纽

> 张真君殿前两头涨。三捷河两头均连着闽江，涨潮时，下游潮水经达道河流至三捷河，上游潮水由闽江流入三捷河，两股潮水汇聚于张真君祖殿前，形成潮水两头涨的奇观。

双杭志》中记载，"较著名的有土产业100多家、茶叶20多家、国药业近40家、新药业10多家、绸布业30多家、京果业20多家、糖业20多家、颜料业10多家、百货业10多家"，经营的货物高达500多个品种，这些商品不仅在国内畅销，也远销海外多国。上下杭还拥有14所同乡会馆，占了台江地区的半壁江山，"福州传统商业博物馆"一称当之无愧。

清康熙年间的上下杭、大庙山一带

上杭街全盛时期拥有店铺80多家，主要为钱庄、布行、颜料行、药行、茶行、糖栈、土纸杭、南北京果行等。较为著名的有益兴棉布行、黄恒盛布行、瑞丰颜料行、中孚药行、致远药行等。

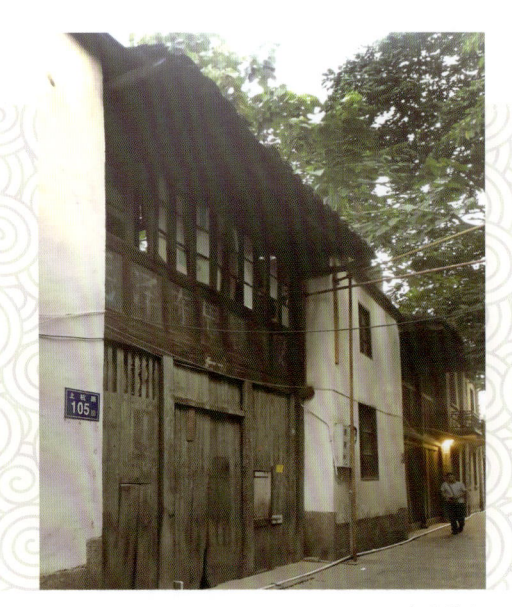

中孚药行

除了拥有各种知名商铺外，上杭街还是福州商务总会的所在地。1905年，在张秋舫、罗金城、李郁斋等人组织下，福州商务总会成立，由张秋舫任福州商务总会首任总理，会员包括福州、兴化、福宁、建宁、延平、邵武、汀州七地的商人。总会的办公地点原位于张真君祖殿，1911年总会决议以1万余两白银购买上杭路杨孙耀的房产作为会址，这才有了现在的上杭路100号福州商务总会旧址。

福州商务总会旧址

福州商务总会创建的主要目的是为打破行业、地域隔阂，协调各行业、地域商帮的关系，妥善处理商业内部纠纷，为福州商界创建一个共同议事、咨询、仲裁的机构。商务总会创立后，福州工商业由分散走向团结，发展更加迅速，不仅如此，商务总会还是商界同政府沟通的桥梁，在一定程度上改善了官商之间的关系，为工商业发展创造了良好的环境。解放前的商务总会经历了三次更名，第一次是1916年，福州商务总会与闽侯商务事务所合并，成立了福州总商会；第二次是1929年由于民国政府不允许商会以"总商会"形式命名，故"福州总商会"更名为"闽侯县商会"；第三次是1942年"闽侯县商会"改组，吸纳了更多的同业公会加入，并再度更名为"福州市商会"。解放后，在原福州市商会会长蔡友兰的组织下，各旧商会、旧公会、工商界代表联合组成了新的福州市工商业联合筹备委员会直至1952年福州市工商联成立。

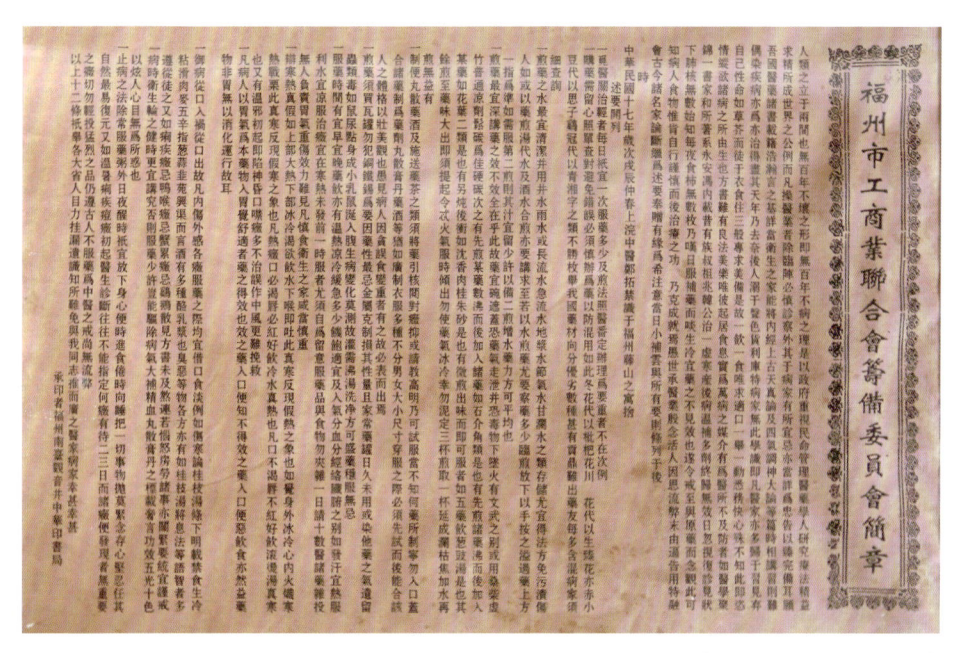

1928年福州市工商业联合会筹备委员会简章

福州商务总会在支持反帝反封建斗争，维护各商号合法利益，反对封建军阀、日本侵略和国民党反动统治，参与禁烟，兴办学校等方面做出了重要贡献，受到社会各界人士称赞。

商会旧址内有一座八角亭，建于清宣统年间，原名魁星楼，是当时商会成员子弟读书的书斋

下杭街拥有银行、钱庄、商行、货栈、囤仓等130多家，著名的有福建银行、罗恒和钱庄、罗坤记进出口行、蔡大生鞭炮行、咸康国药行、生顺茶栈、德发果行、义美京果行、聚源发溪纸行、怡大土产行等。

为了沟通商业信息，提升竞争力，各地区、各行业商帮汇聚于上下杭周边地区。在所有商帮中，人数最多、资本最雄厚、历史最悠久的，当属下杭街的"兴化帮"。当时人们常说的"无兴不成商，无兴不成街"，这里的"兴"指的就是兴化帮。莆田，古称兴化、兴安，兴化帮即莆田商帮。

兴化帮中有四个大商号，被称为"四大金刚"：

第一个是林时霖的聚源发溪纸行。该纸行直接在纸产区如将乐、沙县、永定、南平等地设加工点，就地剔除残次品，印上"林聚美"的标号，作为名牌产品远销天津、大连、营口等地。林时霖也被称为是兴化帮四大金刚的"班首"。

第二个是苏开勋的义美京果行。该商行位于下杭街，是福建省规模最大的南北京果行，经营主业是将福建土特产如桂圆干、菇笋等运至江苏、山东、浙江等地，再将省外产品如花生、面粉、黄花菜、黄酒、煤油等运回福建，交换销售，双向获利。

第三个是何元育的何元记糖栈，开设于下杭街。下杭街有20多家糖行，何元记是其中名声最大的一家。后何元育兼营京果业，获利颇丰。

第四个是蔡友兰的蔡大生鞭炮行。该行主要业务是鞭炮的大宗批发和来自湖南的半成品鞭炮加工。他们家的鞭炮名为"蔡大生号百子炮",在福建畅销一时,蔡友兰有了"鞭炮大王"的称号。蔡友兰的经营范围广泛,不仅兼营湖南的土特产如明矾、大米等的销售业务,也在湖南、江西等地开设有钱庄,发行纸票,同时他还投资创办了福兴泉汽车运输公司、福枫汽车运输公司,致力发展交通运输业。

> 延伸阅读:蔡友兰十分热心公益事业,曾从福兴泉汽车运输公司拨出一辆新车,无偿捐赠给双杭救火会作为消防车,还筹资在兴安会馆内办起了兴安小学。1942年福州发生鼠疫,他出资1万6千元购买5万瓶血清赠予各医院,请各医院义务为病人注射。同时,出资8千元并发动商家捐款,创办时疫医院,挽救了无数生命。这家医院就是现在福建省医科大学附属第一医院的前身。

除了兴化帮外,上下杭还有以李郁斋、张桂荣、张桂丹、尤氏家族为代表的福州帮,以邓炎辉、罗祖荫为代表的江西帮,以陶忠信为代表的温州帮,以欧云远为代表的南平帮,以陈幼鸿为代表的长乐帮,以李珊珂为代表的闽南帮,以龚忠贞为代表的福清帮等区域商帮,他们都为晚清民国时期上下杭地区的经济发展做了巨大贡献。

漫步于上下杭历史文化街区,穿梭在大大小小坊巷之中,感慨物换星移、沧海桑田。今日之上下杭繁华不输往日,沿街的商铺错落有致,周围的游客熙熙攘攘,只有河上的古桥静静伫立,迎来送往步履匆匆的商贾与行人,见证着百年变迁,并将继续见证辉煌的未来。

经济血脉——金融业

  近代台江作为商贸中心，各地商帮汇集于此，各类商品在此集散，各类行业层出不穷，这都需要在经贸发展中起到融通作用的金融业提供支持。台江金融业的起点可追溯到明朝末期，钱庄曾是金融业的主体，后来又陆续出现了票号、官银钱号等其他金融机构。鸦片战争以后，外国银行开始进入台江。1897年中国人自己创办了第一家银行——中国通商银行，第二年该行就在台江设中亭街分行。辛亥革命以后，特别是第一次世界大战开始以后，银行业开始有较快的发展，银行逐步成为金融业的主体，钱庄、票号等相应退居次要地位，并逐步衰落。

  台江的金融机构主要分为两类，一类是传统的金融机构，其代表为钱庄，另一类是现代的金融机构，其代表为银行。

  台江的钱庄类型丰富。出现于明清时期的早期钱庄"排钱桌"，多设置在人员密集的街道、码头处，只需一张木桌、一个算盘、一个银盘就能开始营业，主要经营的是银钞之间的兑换，后逐渐发展成为有固定场所的钱币兑换所。

  清末民国时期的"钱样店"，主营银钱货币的兑换业务及钱钞真假的辨别业务，资本由一百到上千元不等，一些钱样店发行钱票，被称为"条票"。台江的钱样店数量长期位居福州第一。1933年的台江钱样店有位于上杭路的有琨记、位于延平路的豫泰、位于星安街的新康等38家，而当时福州市一共就48家。

  "出票店"主要业务为发行庄票，庄票面额有1、2、50、100、200元不等。与钱样店相比，出票店资本更加雄厚，万元起步，多的高达三、四百万。出票店经营有存放款、汇兑等业务。较为著名的"出票店"有位于上杭路的有泉裕、位于下杭路的有祥康、位于潭尾街的天吉等，1933年在台江的出票店共16家，占据福州市的半壁江山。

  福州历史上最早有确切庄号记载的钱庄是1880年开设于下杭街的爽余钱庄，

"奭"字寓意资金两百万。继奭余钱庄后,被称为"朱百万"的朱积斋在下杭路开设了裕大钱庄。上下杭地区钱庄业鼎盛时期,曾汇集110多家钱庄。1904年,台江钱庄开始发行"台伏票",这是福州金融史的一件大事。"台伏票"发行量极大,在那时商品只要超过了一元都以它为定价单位,甚至一度成为了唯一交易本位货币。1927年因部分钱庄控制"台伏票"与大洋的兑换比例而导致经济市场出现混乱,国民政府因此取缔了"台伏票"。"台伏票"被取缔后,钱庄还曾发行过"大洋票""划洋票"。

大洋票

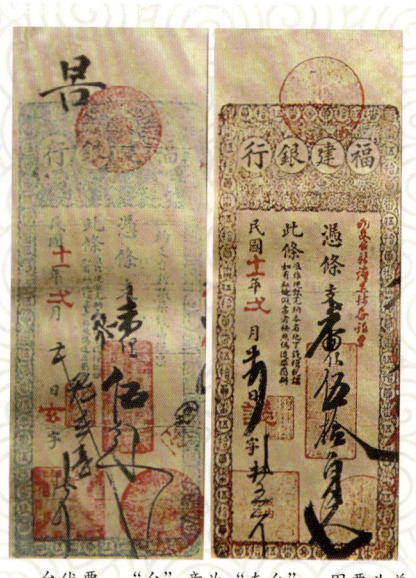

台伏票,"台"意为"南台",因票头盖章形似佛头,"伏"又与"佛"读音相近,故称"台伏票",本意即南台钱庄发行的纸币

在传统金融机构中,除了钱庄还有当铺。清末至民国前期当铺较为兴盛。台江较为出名的有罗氏家族的恒孚典当铺与黄瞻鳌的允孚当铺。当铺接受的物品多样,除了常见的珠宝字画外,还接受绸缎衣服、陶瓷文物等高档品。典当行业的发展促进了新行业——"估衣庄"的诞生。该行业主要负责推销典当行到期未赎回的高档品,销售方式主要有两类,一类是定点售卖,出于节约成本的需要,他们多租用水产鱼牙早市结束后闲置的商铺;还有一类是走动推销,此类从业人员时常穿梭于街头巷

尾间,被称为"走街"和"包袱客"。

福州人创办的第一家私营商业银行为1898年在中亭街成立的中国通商银行中亭街分行,这也是台江第一家商业银行。1914年,福州电光刘家族的刘崇伟在下杭路开设了福建银行,该行由原福建官银局改组而成,是上下杭地区首家民办银行。1929年开设于下杭路的中央银行福州分行是台江第一家国家银行。除此之外,还有华南储蓄银行、福建东南银行、私营福州商业银行等也开设于台江。当时银行的主要业务有汇兑、流通、借贷、储蓄等。

下杭路私营福州商业银行

台江的钱庄、当铺、银行数量众多,是近代福州的金融中心。除了上述金融机构外,台江金融业还包括专营国际汇兑业务,为华侨服务的侨汇庄及经营各类保险业务的保险公司。当时广受大众欢迎的是保额合理、保期短的小保险公司。

在福州金融界较为出名的是"一家三族群"。"一家"指的是台江商人张秋舫的"厚坤钱庄""厚余钱庄";"三族群"指的是台江金融世家罗家所开设的钱庄。

罗家是商业世家,祖籍福建连城,后迁居台江。第一代罗希魏凭借销熔银锭的技艺在福州积累了第一桶金,为罗家的金融产业打下了基础。第二代罗端坡开设了

"晋合钱庄",此时罗家就已是福州地区有名的富商了。第三代罗金城是把罗家金融业推向鼎盛的重要人物。由于其父患眼疾影响日常经营,年仅13岁的罗金城不得不放弃学业开始经商,虽然踏入商界时罗金城年纪尚小,但他却极具经商天赋,创办了"恒和""昇和""均和"三个钱庄。恒和钱庄主营贷款及汇兑业务。昇和钱庄主要业务为发行纸票,发行过台伏票、大洋票等。均和钱庄主要是为义洲木材业提供贷款服务。为扩展罗氏家族的产业版图,罗金城还开设了罗坤记进出口行、恒记木行等,获利颇丰,还自备两艘货船——"金元号""银元号"运输商品。当时人们用"南山有鸟,北山张罗"来赞誉张(张秋舫)罗(罗金城)两家。罗金城热心公益,曾说过"富人能够得到人们的敬重,正因为他能够尽力帮助别人。如果积金不散,即使金银如山,这和收存废物有什么两样呢?"他与张秋舫共同出资并亲自规划创办商立两等小学堂,解决商人子女求学不便的问题,民国初年捐款5千大洋筹建青年会。到了第四代罗勉侯手里,罗家的发展达到了顶峰。罗勉侯深耕金融业,组织建立钱商研究中心、福州金融维持会等;他也是著名的"百货大王",创立了云章百货;除金融和百货行业外,还创办永春锯木厂、建春茶行等。

台江金融业在清末民国初发展较为快速、健康,到了抗战爆发前,国民党政府为了发行法币而废止"台伏票",限制"大洋票",导致钱庄大面积歇业。在抗日战争和解放战争期间,国民党政府采取通货膨胀政策,法币急剧贬值,物价飞涨,1948年法币彻底崩溃,当铺收回的金额远低于发出的金额,无奈只好"止当"。抗战爆发后,福州两次沦陷也直接影响了侨汇业与保险业,台江的金融业自此走向衰弱。

下杭路罗氏恒和钱庄

百业俱兴，实业救国

在港开埠兴的助推下，在金融业的加持下，清末至抗战前夕的台江民族工商业进入了发展快速道。关乎国计民生的大小行业纷纷崛起，而行业发展的背后，是无数台江人艰辛奋斗的成果，其中有志于"实业救国"的民族资本家起到了引领作用。他们通过开设各类民族工商业的方式来抵抗外国资本的经济侵略及帝国主义的殖民掠夺，他们对台江经济发展所做出的巨大贡献是不应忘记的。

福州商务总会首任总理——张秋舫

上下杭商界早期"三闻人"之一的张秋舫，首任福州商务总会总理。他不仅是台江巨富，也曾是福州首富。张秋舫祖籍四川绵竹，祖上几代人都在福州经商，定居台江铺前顶。出生于商业世家的张秋舫自然也承接祖业经商，执掌家业时年仅十几岁。出色的经商天赋使得张氏家族的商业版图在他手上得到了大规模的扩展，而他本人也因此成为福州商界的传奇。他目光敏锐，瞄准了京果行业，经营福州——上海

河墘路宜华照相馆

之间的土特产交换销售，生意越做越大。他眼光长远，敢于接受新兴事物，开设了当时还未普及的照相馆，取名"宜华照相馆"。他敢于开拓，积极扩大经营范围，产业涉及20多种类，如"厚坤""厚余"钱庄，"仁余""德余"当铺，"义记"布行，"彩文慎"绸缎店，"西来"百货以及家具行、茶行、水果行等。

张秋舫热爱桑梓，热心公益，牵头筹建上海三山会馆、三山洋布帮；为福州救火会捐资，发生灾害时赈济灾民。他关心下一代的教育，重视张家子弟素养的提高，在自家祖屋设立私塾，出资请名师授课，还敞开大门，免费让亲友子弟就读。他重视教育事业的发展，与罗金城等人合资兴办商立两等小学堂。

> **延伸阅读：世守诚信的张氏家族**
>
> 张秋舫创立了厚坤钱庄。在钱庄运营期间，他坚守诚信，而这影响了张家后代子孙。有一次由于张家后人管理不严，放任钱庄掌盘私发台伏票，造成台伏票发放过量，银根不足，最终导致持票者损失极大。当时张家早已非鼎盛时期那般财力雄厚，加上此次事件张家自身损失同样巨大，一时无法补偿所有人的亏损。但事情既已发生，张家后人没有逃避，他们严守祖训，坚持诚信，用十年时间补足了银根，填补了持票者的损失，成为商界美谈。

电气工业与"电光刘"家族

民国期间，福州所有工业中发展最为迅速的应该是电气工业，其中代表性的人物就是"电光刘"家族。

在了解刘氏家族之前，先简要介绍一下福州电气工业的发展历程。福州电气工业起步于1906年在苍霞洲铜元局旧址开设的"福州电灯公司"，虽因募集股金环节出现问题而失败，但开启了福州人办电厂的热情，一些电气企业如雨后春笋般在台江成立。1909年邱希人创办"文明电厂",1910年林友庆创办"耀华电灯公司",其中影响力最大的莫过于1911年被称为"电光刘"的刘氏家族创办的"福州电气股份有限公司"。公司成立后,先是在新港建立了发电所,1911年10月,正式开始送电。起初范围仅限于南台,后逐渐扩大,11月开始向城区送电。最初用上电灯的仅有234户,到1924年就有11743户通电,用户数量上涨迅速,当时福州一半工业的生产都依赖"电光刘"家族供电。

1930年电光刘家合影,后排右三起刘崇伦、刘崇佑、刘崇伟、刘崇伦

建设中的福州电力公司

福州电气公司获得成功后,"电光刘"家族开始组建自己的工商业集团,逐步创办一批需要用到电机的工业企业,如使用电机碾米的"晋兴碾米厂"和电机锯木

的"建兴锯木厂"等。

刘家还创办电话产业。1912年刘家在承接原官商合办的"福州电话公司"的基础上，将其改组为完全私营的"福建电话股份有限公司"，并大获成功。1933年是刘家电话用户数量的巅峰时期，达到了1040台。

"电光刘"家族的成功，推动了福州电气工业的大发展。在电气工业的带动下，一些民族工业如罐头食品加工业、机器修造业、纺织服装业、火柴制造业、酒精制造业、制冰业、化工业等也逐渐发

福建电话股份有限公司股票及存根

20世纪30年代福州电话号码簿

展起来，而"电光刘"家族也因此被人称为"福州民族工业的奠基者"。

纸业与曾长兴土纸行的曾文乾

福建的纸业贸易可以追溯到宋代，那时就已经向江南地区输出纸张，台江一直是福建纸业贸易的重要集散地，纸、粮、茶、木同为台江传统贸易的四大支柱产业。到了清末民国时期，福州纸品年输出值300余万元，占福建纸品输出总值的25%以上，是福建四大土纸中心市场之一。第一次世界大战期间，欧洲列强忙于战争，减少了对中国的产品倾销，洋纸进口数量锐减，为福州纸业的发展创造了有利条件，并很快达到鼎盛。据民国福建省政府统计处统计，1915年纸业产值在全省输出货物中排

名第一，当进全省纸类输出年平均在一千万元左右，最高的时候一度达到一千三百余万元，如果算上当时省内消费，全省纸业年产值约达一千五百万元。

台江是福州纸业贸易的中心地区，也是福建土纸外销的主要中转站。清末民国时期的福建土纸有很大一部分经由台江转运至广州、宁波、上海、天津等国内地区及海外华侨集中的南洋地区。在福州纸行最盛时，具有一定规模的纸行达到了一百家左右，多分布在台江的上下杭、延平路、三保一带，其中包括"曾长兴""黄泰茂""聚源发"等一流纸业品牌。

> **延伸阅读：节俭至极的曾文乾**
>
> 曾文乾十分节俭，穿旧衣，外出步行不坐车，吃的是粗茶淡饭，手下的员工更是一年难见荤菜。曾文乾夜晚回潭尾街自家纸行时，需要经过上杭街总管巷。那时还没有路灯，总管巷巷小路狭，一片漆黑，行人需要自带火把或灯笼照路。节俭的曾文乾为了省下照明的钱，总在路口等待有带灯笼、火把的过路人捎上一程。一天夜里，曾文乾又在路口等候，见有人抬着一顶轿子路过，轿子前后都有火把，他急忙跟了上去。见此轿一直与他同路，心里十分高兴。没想到该轿在他的纸行前停了下来，他的儿子从轿子里面下来了。此事成了街坊笑谈。

说到台江纸行，首推"曾长兴土纸行"，被誉为福州纸业"第一家"，位于潭尾街，规模庞大，声名远播。起始，曾文乾父亲与黄家合作经营"长兴懋土纸行"。不久黄家退出，由曾家独立经营，更名为"曾长兴土纸行"。曾文乾少年时就极具经商天赋，眼光超群，胆大敢为。清光绪十年（1884）法国军舰非法侵入闽江马尾江面，中法马江海战开战在即。其他商家因纸价大跌而急于脱手，16岁的曾文乾却低价大量收购，囤积居奇。战后纸价大涨，曾长兴土纸行大赚一笔。曾文乾重视行情变化，善于利用市场价格变化灵活调整经营策略，如市场价过高他就压低自家纸行的价格，拉低行情后再大量收购，获利良多。在他的苦心经营下，曾长兴土纸行逐步发展壮

第四章 | 万帆争竞 商贸枢纽

曾氏祠堂。1917年,曾文乾在下杭路建设了曾氏祠堂,祠堂横梁上有"瓜瓞箕裘"四字,寓意人丁兴旺、事业兴盛

大,成为台江溪行之首、福州十大纸行之首。曾长兴土纸行经营的种类繁多,包括民间习俗中被用于焚烧的海纸;用于京果行等商铺食品包装的甲纸;百姓日常生活用的便纸;质量优良、用于书写的毛边纸;采用幼嫩之竹制作,品质上乘的连史纸、奏本纸等。销售的地区除了本省的闽南地区外,远及天津、烟台、大连等北方多地,并远销海外。在该行发展的鼎盛时期,其经营额一度占据了福州纸业市场的70%,资产更是达到百万元。成为富商后的曾文乾热心公益事业,组织建立龙潭公益理事会、龙潭救火会、龙潭义葬社等公益组织,募资救济受灾群众,义葬穷苦老人、游民、乞丐等。

国药业与咸康中药行的张桂荣、张桂丹兄弟

清台江国药行数量众多,仅上下杭地区就有近40家,1935年福州国药业成立了同业公会,咸康中药行一直是业内翘楚,其经营者为张桂荣、张桂丹兄弟。早期张桂荣曾在"大春生"药铺当过学徒,后开设"张乾泰中药材批发栈",一度因代理日本太极参而获利颇多。但他是一位爱国商人,在支持国货、抵制日货期间,放弃了代理销量很好的日本太极参。张桂丹曾任尤恒盛商行经理,后辞职与兄长合作

创业。1925年两兄弟承接原许姓商人位于下杭路的咸康中药店，更名咸康医药总店，并在台江汛大桥码头开设了分行。咸康中药行十分重视药品质量，精选全国各地的优质原材料进行加工，认真研制，保证质量，该行的周公百岁酒、虎骨木瓜酒、枇杷膏等产品畅销一时。在张氏兄弟的苦心经营下，1935年，该药行已盈利100多万银元，是福州中药行业的六大名店之一。

延伸阅读：咸康中药行十分重视宣传。为扩展知名度，药行邀请了当时著名书法家郑孝胥题写招牌"咸康参号"。郑孝胥曾为交通银行题写牌匾，四字4000大洋，真正的"一字千金"。可以想象"咸康参号"四字自然也是价格不菲，可见张氏兄弟在药行宣传上是下了血本。

第四章 | 万帆争竞 商贸枢纽

延伸阅读：咸康参号的广告十分特别，为"宰鹿"，这是因为鹿身上的很多部位都是咸康入药的名贵原料。药行饲养有鹿群，每个季度的第一天，咸康都会在人流量较大的地段张贴"宰鹿"广告，定期在药行门口现场宰鹿供药师制作药材，每次宰鹿活动都能吸引大批市民围观。

绸布业与罗恒隆绸缎庄的罗氏家族

民国时期，台江的绸布业十分兴盛，上杭街汇集了20多家绸布店，有"绸布一条街"之称，罗恒隆绸布庄是其中的佼佼者。该绸布庄由江西人罗翼庭创立，起初位于上杭街，主要经营绸缎、纱罗、棉布的批发业务，后因营业规模不断扩大，罗恒隆绸缎庄搬至下杭街。抗战前罗恒隆绸缎庄的业务拓展到南平、顺昌等地。1943年其子罗祖荫继承家业，将罗恒隆绸缎庄更名为

下杭路罗氏绸缎庄

119

罗恒隆布号，之后又再次更名为联友布号。在他的经营下，联友布号发展迅速，扩大了福州及周边县市的市场份额，仅棉纱存货的价值就高达5000两黄金，罗祖荫也成为福州的"棉纱大王"。

其他行业及代表人物

除了以上这些代表行业外，快速发展的还有糖商业、京果业、油商业、海产干货业、新药业、棉苎业、文教用品业、百货业、颜料业、进出口业、海运业等等。为台江民族工商业发展做出突出贡献的民族资本家当然也远不止以上几位，还有前文提到的金融业罗氏家族、生顺茶栈的欧阳家族、洪家茶帮的洪氏家族，以及蔡大生商行的蔡友兰、永安堂的胡文虎、致远药行的王幼恺、广芝林的徐建禧、德发京果行的徐氏家族、振光百货的杨鸿斌、土产业的李郁斋、尤恒盛商行的尤氏家族等等。

胡文虎、胡文豹兄弟。两兄弟共同创业，在台江中平路牛弓街创办了星闽日报，还开设"永安堂"分行，主营万精油、八卦丹等产品，抗战时期虎标产品在国内外十分畅销，战后累计资产高达3000万，为当时华人巨富。

星闽日报和虎标永安堂八卦丹　　　　　　牛弓街闽星日报旧址

第四章 | 万帆争竞 商贸枢纽

上杭路致远药行，原名"元亨药行"

王幼恺（1914—1977），1941年主持祖传"元亨"药行，改名"致远"药行。王幼恺与中共地下党人多有交往，掩护和资助地下党活动，为党做了不少工作。1956年公私合营，药行合并于福州市中药批发站。

徐建禧，莆田人，1934年承接祖业在隆平路经营广芝林药行。该药行采用的是前店后坊式的布局，规模巨大，占地面积达600平方米。该药行在货物来源上严选优质川货，在药品加工的各个环节都严格把关，制售的药品达100多种，同时该药行还为不便的客人提供送药、煎药的服务。徐建禧曾任双杭救火会理事长，在救火会内部组建临警援丁互济会，为因救火而牺牲的人员发放抚恤、丧葬、赡养的费用。后他还任福州市救火联合会消防工作团团长，在抗战期间，带领救火会人员走上抗日战场，抵御日寇侵略。

隆平路广芝林药行　　　　　　　广芝林老药方

121

1894年，来自莆田黄石镇的徐氏先在中亭街开设德余京果商行，后又在南街开设德康京果商行，在海防前开设德昌京果商店，在下杭路开设德发京果行，这四家店合称"四德"。德发为当时的名牌商店，其包装袋上都会贴有德发特有的红色标纸，以区别于同行，是当时人们首选的送礼佳品。

下杭路德发京果行

杨鸿斌，出生贫苦，七八岁时在台江码头卖光饼为生，小有资产后前往马来西亚槟城谋生，开设振光百货，主营进出口业务。事业有成的杨鸿斌心系家乡，在福州创办了慈善社，出资修建孤儿院、医院、桥梁、公共道路等。1920年，杨鸿斌在上杭路彩气山南麓置地建别墅，取"采五峰之灵气"，名为"采峰别墅"，是福州较早的一座中西结合式民居建筑。

采峰别墅，即杨鸿斌故居

李郁斋是福州商会总会的发起人之一,出生儒商之家。李郁斋青年时期弃儒从商,在下靛街开设国泰商行,主要经营福建与上海之间土产品、棉布百货的交换销售。他热心公益,多次捐资修桥、修路、办学,为"清末福州十贤"之一。

下靛街

百龄百货商店

尤孟彪因父亲早亡,为谋生计在洪塘开设丝线摊,因产品质量优良而广受喜爱,后由小摊扩展为"尤恒盛"丝线店。其子尤贤模有经商天赋,不但扩大丝线经营规模,开设绸缎店,还将商业版图扩展到了土特产业,在上杭街开设主营土特产业务的尤信记商行。尤家还在上杭街开设泉裕钱庄,并在潭尾街设有分号。尤贤模之孙尤德锜在大桥头开设了著名的百龄百货商店。

敦亲谊，兴会馆

清末民国时期的台江，聚集了许多商帮，他们不仅共同创造了近代台江商贸的繁荣，还为今天的我们留下了许多可以触碰的历史——会馆。

会馆源于各地商帮增强内部联系的需要，起初只是各地商人汇聚一堂，联络情谊的地方，寄托着客商们"以敦亲睦之谊，以叙桑梓之乐，虽异地宛如同乡"的情感认同，类似于现在的"同乡会"。随着商业贸易的不断发展壮大，会馆的主要功能也更趋商业化，成了各地商帮维护本帮利益、交流沟通商业信息、协调处理内部商业纠纷及议事、存储货物的重要场所，类似于各地的"驻福州办事处"。同时，会馆还具有娱乐、文教、宗教的功能。很多商帮定期在会馆内举行宴饮集会以叙乡情，有时还会进行祖籍地的特色民俗演出以排解思乡之情。当家乡学子赶考需暂住福州，这些商帮会予以接待，让考生暂住会馆内，为他们提供饮食和赶考资金，有的还会延请老师入馆辅导学业。许多会馆为"馆庙合一"，正厅是供奉神明的场所，因为当时的商贸往来多以水路为主，故供奉大多数是水神，如妈祖，也有一些供奉祖籍地的神明。

建郡会馆青石额书"天后宫"

第四章｜万帆争竞 商贸枢纽

会馆的规模大小与商帮的实力有关，实力强的商帮，其会馆的面积也大，如上下杭商帮中实力最强的兴化帮建立的"兴安会馆"，面积有3000平方米，贯穿上下杭两条街，规模宏伟，采用"红壁钉瓦"的独特建筑风格以保护墙体，既美观又实用。

兴安会馆的"红壁钉瓦"墙体

除了兴安会馆外，建宁、寿宁、延郡会馆等的面积也超过1500平方米。有些会馆则因商帮实力不足而较为狭小，如周宁、福鼎、浦城会馆的面积均小于450平方米。

据统计，历史上台江有30多所会馆，现在保存（含基本保留和部分保留）下来的有三山、福清、建宁、浦城、寿宁、南郡、闽清、古田、汀州、永德会馆等。保护好这些会馆意义重大，从艺术角度上看，这些会馆的建筑风格是祖籍地区风格与福州地区风格的完美融合，各具特色；从历史角度上看，这些会馆也是研究台江商贾文化重要载体，具有珍贵的人文价值。下面以八处风格浓厚、保存较好的会馆为例，走进那段尘封已久的商贸历史，体验台江会馆文化。

古田会馆位于今同德路2号，靠近上下杭地区，交通便

古田会馆

125

利，由古田商帮在清末集资修建的，建成于1915年，是福州地区保存完好的地域性会馆之一，分为东西两落，东落为主落，由戏台、谯楼、拜亭、正殿构成。大堂左侧有三方青石碑，是距今100多年的财务信息公开窗口，包括介绍会馆建设过程的《记碑》及将收支精确到小数点后三位进行公示的《收入碑》《开支碑》。该会馆总耗资一万八千八百八十九两三钱八分八厘。谷黄米帮是当时古田地区财力最为雄厚的商帮，出资近万两，占了一半左右。该会馆建筑恢弘，尤其重视室内装饰，很多地方用到贴金和髹漆技艺，耗资巨大。古田会馆是古田商人联络情谊的地方，有时也为古田考生提供暂住之所，这一功能从会馆大殿的石柱上所刻的楹联"异乡敷恺谊，回头风景忆蓝田（朱熹曾到古田的蓝田书院讲学，该书院被认为是朱熹理学思想的武夷分支，是古田文化的象征）"中可看出。

永德会馆

永德会馆位于苍霞硋埕里，"硋"在福州方言中是"瓷"的意思，"硋埕"意为瓷器专卖市场，当时永春、德化两县人聚集在此经营瓷器。因永春、德化两县地理位置接近且主要经营的都是陶瓷,故两县商人联合建造"永德会馆""永德同乡会"等。会馆建于清末,1931年重修,坐南朝北,清水砖墙,中西融合的建筑风格,一、二层是西式,三层是中式歇山顶。馆内墙壁嵌有一块石碑,上刻《桃源翁李立斋先生传赞》一文,记录了永春商人李立斋、李俊承父子创业的经过、报答桑梓的善举以及为重修会馆捐资的事迹。李立斋父子祖籍永春县,东南亚华侨,在福州期间都暂住于永德会馆。李俊承创办了永兴、太兴等公司,经营业务广泛,包括饼干制作、橡胶种植、金融银行业等,生意蒸蒸日上,成了富甲一方的商人。李俊承不忘故土,出资修筑了永春的通仙桥与德化的云龙桥,1931年出资重修永德会馆,是所有出资人中捐款最多的。永德会馆立此石碑以纪念乐善好施、回馈家乡的李立斋先生,同时也记录李俊承先生重修永德会馆的功绩。该会馆也是永德二县商人联络同乡情谊、商讨商业事宜的重要场所。

汀州会馆现位于白马南路,由汀州商帮于清末集资修建,原址在台江义洲,由于城市道路建设的原因被移至现址。现汀州会馆仅存主殿,坐西朝东,面阔三间,进深六柱,结构为抬梁穿斗式,馆内石柱上有三幅保存较为完好的楹联,藻井装饰巧妙,风格独特。会馆的前身是长汀、上杭两县经营纸靛的商人组织成立的"纸靛纲"("纲"意为成批运输货物的组织)。汀州会馆除用于联谊、娱乐、议事等基本功能外,它还作为仓库,放置运至福州的纸靛产品,待找到买家后再从馆内运出。

汀洲会馆

三山会馆，清道光年间由江、浙两省在福州的布帮商会建造，会馆曾为"福州救火联合总会"的会址，建国后被改为金斗小学、台江区少年宫，现为洋中幼儿园。会馆原面积有1000多平方米，现仅存春晖堂，馆内石柱、藻井等保存完好并留存有多处楹联。

建郡会馆，又称"建宁会馆"，由建宁府商帮于清嘉庆年间集资建设。门开上杭街，背靠彩气山，占地2000多平方米，内有戏台、看楼、正殿等建筑，正殿供奉妈祖。会馆曾作为反清革命组织——福州说报社社址，是辛亥革命福州起义者的集合场所，还是去毒社宣传禁烟活动的主要场所。

南郡会馆，为闽南籍商帮筹资建造，占地2000平方米，大门牌匾刻"南郡会馆"四字，民国时期内设南郡小学，解放后为下杭小学，现为幼儿园。会馆目前仅存一整扇清水门墙及一根石柱残联，残联内容为"六港集樯帆，波平大海"。

第四章 | 万帆争竞 商贸枢纽

闽清会馆，又称"梅邑会馆"，由闽清商家及米船商帮出资，闽清籍知名华侨黄乃裳主持修建，占地约640平方米。

闽清会馆

兴安会馆，由兴化商帮所建，坐北朝南，纵贯上下杭两街，占地3000平方米，前门位于下杭路，前门中间刻有"兴安会馆"四字，1940年曾在馆内设兴安小学，1956年学校改名上杭小学，1978年改作台江区教师进修学校。因多次拆建，会馆现仅存南面门墙的西部三分之一。

兴安会馆遗址

百年来，历经沧桑巨变，很多会馆都已消失在大众的视野中，但这些会馆所承载的商贸记忆却早已融入台江的人文脉络中，成为不可分割的一部分。

"请用国货"的抗争

台江民族工商业的发展看似一片欣欣向荣，其实一直受到来自帝国主义的压迫，不论是第一次世界大战前的鸦片荼毒、商品倾销，还是"一战"结束后的经济侵略，都严重阻碍了台江民族工商业的发展。敢于斗争、善于斗争的台江人民是如何抗争帝国主义的侵略呢？

早在"五四运动"前，勇敢的台江人民已同帝国主义进行过斗争，创立于1905年的去毒社就是最好的证明。近代福州烟馆林立，特别是南台一带，烟馆聚集，规模较大的有坞尾的卧云楼、湘巷的紫云天、上杭街的亦桃园、横街的紫竹林、茶亭的登

福州街头标明国货的店招

云天、田垱街的蔡两全等，百姓深受其害。为与烟毒做斗争，1905年张秋舫、罗金城、陈宝琛等十余位社会知名人士共同倡议组建去毒社，总址设在大庙山，推举林则徐嫡曾孙林炳章为首任社长，在福州广泛开展禁烟活动，如搜集吸烟危害的典型事例进行宣传，筹建戒烟局并配有专业医生为烟民免费治疗，开办戒烟班等，社会影响极大。1906年，去毒社成立一周年之际，去毒社组织了大规模群众游行活动，大家抬着林则徐画像，高喊禁毒口号，把一年来缉获的烟土烟具公开展示并举火焚烧销毁。在去毒社的坚持斗争下，福州吸毒人数、烟馆数量均有所减少，禁毒斗争取得

光绪三十三年（1907）福建去毒社第一次焚毁烟具现场

福建去毒社南台第一戒烟局遗址，位于大庙山福州四中校园内

一定成效。去毒社既是台江人民禁毒斗争的见证，也是台江反帝反封建斗争的早期尝试。

1919年5月4日，北京的青年学生、广大群众、市民、工商人士等阶层通过示威游行、请愿、罢工、暴力对抗政府等多种形式开展斗争。随后天津、上海、福州、广州、南京、杭州、武汉、济南等地学生、工人也纷纷罢课、罢市，声援北京。甲午战争后，日本侵占台湾，并把福建作为势力范围，加紧经济侵略，福州成了日货的重要倾销地。面对日本帝国主义的这一行径，受五四运动影响的福州学生组织了"抵制日货，提倡国货"的游行示威活动。1919年5

位于油巷下（今隆平路）的福州振华公司销售"中国自造锦地衫裤敢与外国比较比较"的启事和广告

131

月14日，福建学生联合会设立"日货调查站"，对市面上的日货进行调查。很多爱国商人支持此项运动，销毁存有的日货且承诺不再销售。普通百姓也自发参与到"支持国货"运动中，他们选用福州产土布来替代日本产花布，并大力提倡使用福州油纸伞，将其称为"国伞"。

有的商人却站在"抵制日货"的对立面。黄家黄瞻鳌、黄瞻鸿兄弟共同经营黄恒盛布行，生意蒸蒸日上。在福州城"抵制日货，请用国货"斗争中，黄家却大量购入囤积日本布匹。1919年6月，黄家对来布行检查的学生暴力围殴，致使多人身受重伤，并导致一名前来营救的市民死亡，这就是曾轰动福州城的"黄案事件"。事件发生后，黄瞻鸿搬弄是非，反诬学生洗劫布行。福建督军李厚基为黄家撑腰，派军警镇压学生。这一处置方式令福州市民、学生极其气愤，商人罢市、学生罢课，学联组织学生至检察厅、省议会请愿，要求严惩黄家兄弟。李厚基以"捣乱治安，目无法纪"为由逮捕拘役学生代表及部分参与请愿的市民。这更让福州市民、学生出离愤怒，工人、商人、学生坚持罢工、罢市、罢课，要求缉拿黄家兄弟，释放被捕人员，且全国各地的爱国组织纷纷谴责李厚基"为虎作伥"。最终，为平息众怒，当局下令逮捕黄瞻鳌、黄瞻鸿，罢免黄瞻鸿福州商会会长一职。

上杭街恒盛布庄

黄案发生后，日本帝国主义认为福建人民反抗侵略、抵制日货的行为给他们造成巨大损失。1919年11月，日本驻闽领事馆以捏造日商货物被截，日本人受到威胁为借口，组织"敢死队"，由领事馆警察署长江口善海带领，在中亭街、苍霞洲、中平街等地寻衅闹事，袭击中国平民及前来劝阻的中国巡警，打砸抢劫中国商店、餐馆，造成十余人受伤。

对此，台江人民奋起反抗，当场抓获江口善海等凶犯。因福建督军李厚基媚日软弱，凶犯被移交日本领事馆。日方反诬事件缘起于中国学生截夺日商货物，责任应在中方，日军舰驰到万寿桥，派兵在南台登岸、游行等进行威胁。福州人民更加愤怒，开展罢市、罢课运动，组织集会、游行、示威等进行反抗。消息传至全国，上海、北京、天津等城市的数十万群众、学生也举行集会、游行、演讲等支援福州人民，声讨日本帝国主义罪行。李大钊为此事发表文章，揭露日本所谓"中日亲善"其实是"日本人的铁棍、手枪和中国人民的头颅、血肉亲善，日本的侵略主义和中国的亲善"。最终，因国内外抗议声浪巨大，北洋政府不得已与日方进行交涉。此事以日方调换领事、公文道歉、赔款抚恤金结束。这就是著名的"台江事件"，也称"福州惨案"或"闽案"，此事也是五四运动最后一个浪潮。

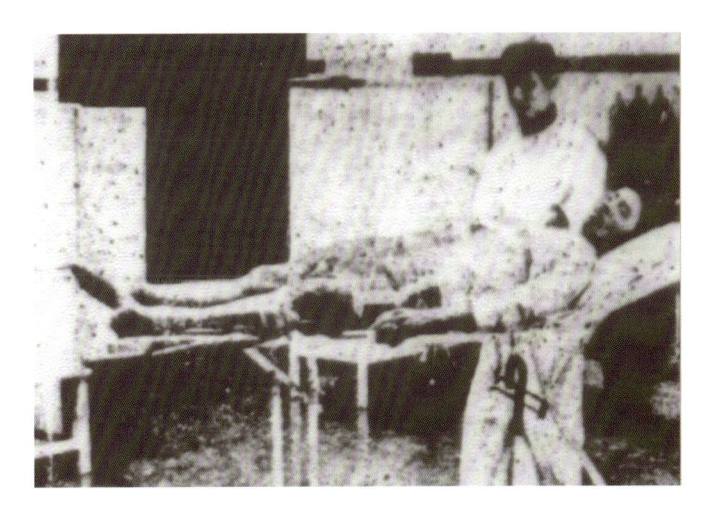

"台江事件"伤者

"台江事件"的相关报道

在"请用国货"浪潮的影响下，1921年，"福州保存国货公会"在南台国货展览馆（原龙津小学）刻制两通"请用国货"碑，一个立于南公园口，另一个立于南门兜。

20世纪30年代，福州洋货倾销现象仍然严重，爱国人士吴养贤在南公园内建立了一座红砖双层"福建国货促进大楼"。为纪念福州人民抵制日货、支持国货的斗争，南公园至洋头口道路被命名为国货路，沿用至今。

台江作为商业中心，从创办去毒社到"抵制日货，支持国货"，台江人民的抗争方式也一直围绕着罢市罢工以及商业、货品等展开。爱国爱乡、不畏强暴、敢于斗争的精神始终流淌在台江人民的血液中，一代一代地传承发扬下去。

现立于南公园门口的"请用国货"碑（复制）

福州人民举行声势浩大的反日游行，图为游行队伍经过万寿桥情景

风雨飘摇凛冬寒

台江工商业一直在帝国主义、封建主义、官僚主义三座大山的压迫下和夹缝中寻求生存和发展。民国建立后,帝国主义、封建主义、官僚主义的压迫有所减弱,台江工商业得以较大发展。抗日战争的爆发,打碎了台江工商业发展的势头,在风雨飘摇中艰难生存。

为坚持长期抗战,许多台江企业选择内迁,如福建造纸厂、建华火柴厂以及一些机器修造厂。除了建华火柴厂因抗战期间外来火柴减少,群众对国产火柴需求增加而获得短暂发展外,其他工厂在内迁后大多因交通不便、部分市场沦为敌占区、社会需求减少等原因,导致企业利润降低,无奈停工停产,这对台江工商业而言打击巨大。

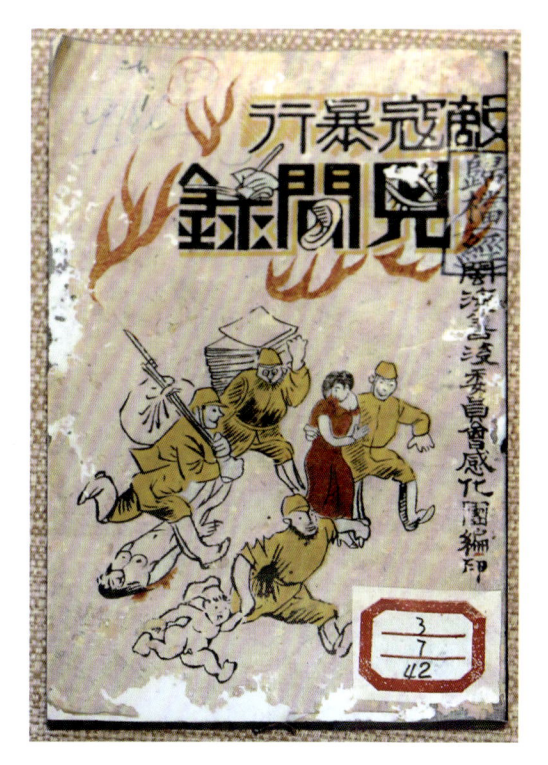

闽海善后委员会感化团编印的《敌寇暴行见闻录》

未内迁企业同样举步维艰,下面以前文提到的福州电气公司和曾长兴土纸行为例,述说台江工商业萧条的历程。

已站在巅峰的福州电气公司在抗战爆发后开始走下坡路,先是1937年公司核心人物刘崇伦和侄子刘爱其遭到军统特务福建站站长张超绑架,惨遭杀害。作为维系福州电力的重点企业,福州电气公司自然成为日军重点摧毁的对象,遭遇了日军

福州电气公司

8次重点轰炸和抢掠洗劫，亏损上千万元。

福州电气公司要面对的不仅仅是外敌的侵占摧毁，国民党官僚阶级的吞并掠夺才是压死骆驼的最后一根稻草。1948年，福州电气公司因亏损巨大导致资金、外汇等方面出现问题，无奈之下只能被迫与国民党政府资源委员会合并，管理权落到了国民党政府资源委员会手上。作为股东的刘家并未收到过应由国民政府支付的刘家应得的利息，刘家被彻底剥离出了自己辛辛苦苦创立发展的"电气王国"，成为"名存实亡"的股东。同时公司被更名为"福州电厂"，福州电气公司退出了历史舞台。

除了电气企业，曾是福州十大纸行之首的曾长兴土纸行也无法扛住时代的重压。

曾文乾长子曾希骥年纪轻，缺乏经商经验，多次被骗，使得曾家损失惨重。抗战初期囤积了大量的白料纸，却遇纸价暴跌，做了赔本买卖。抗战期间，海上交通运输中断，曾家纸品运往外省的数量锐减。福州沦陷后，曾希骥不顾其父劝阻，担任了日伪政府设立的福州物资调节处主任。福州光复后，他逃往上海，曾家的部分资产被查封，损失惨重。又因苛捐杂税，仅运输环节所要缴纳的税种少则四五种，多则十多种，令曾长兴等纸商最终走向没落。

两个"明星"企业的衰亡，既有日军的空袭与抢掠洗劫，交通被控导致的原料及产品运输难，部分销售地区沦为敌占区导致的市场萎缩，以及国民党政府苛捐杂税、滥发货币，官僚阶级侵占吞并，治安混乱等外部不利因素，也有企业经营人自身管理不善，高利贷投机行为等等。

抗日及解放战争期间，在这些内外因素的共同影响下，台江工商业举步维艰。而就在这艰难时刻，许多台江商人们仍然坚守爱国初心，通过各种方式救亡图存，如罗氏家族的罗勉侯积极参与抗战，承担起后援保障、接济难民、维持贸易等各项任务，他曾说过"爱家须先爱国，爱国即以爱家"。生顺茶栈的欧阳康拒绝日本兵购买茶叶，哪怕以生死相威胁也毫不退缩。他号召群众、茶商抵制日货，拒绝出任被日伪控制的福州总商会职务。他还将自家的3艘商船装石自沉于闽江口，以此构筑阻塞线，阻止日军从水路进攻福州。蔡大生商行的蔡友兰在面对日方以巨额赔偿（弥补蔡友兰在福州事变中受到的损失）来利诱他担任日伪福州物资调节处处长时，义正辞严地说："你们想用黄金诱惑我丧失民族气节，去当汉奸，莫作此梦。我虽受战火损失，但绝不贪此不义之财，愿清贫自守。"这些台江的爱国商人及他们的工商企业虽已湮没于历史长河之中，但他们的爱国气节永留青史。

从1840年到1949年，台江有过繁荣发展的喜悦，有过夹缝中求生的悲哀，有过被欺侮侵略时的愤怒，有过抗争时的激昂，直至萧条的落寞，都汇集在这一百多年的时间里，可以说近代台江史就是近代中国史的缩影。

近代中国无疑是多灾多难、饱受屈辱的，但就在这沉重的黑暗中有一把象征希望与光明的红色火炬，它照亮了中国前行的道路，带领中华民族从压迫中站起来，昂首阔步走向新的时代。在它的引领下，台江的红色浪潮汹涌澎湃，解放的号角即将吹响。

第五章

红潮涌动 喜迎解放

HONG CHAO YONG DONG　XI YING JIE FANG

一提台江，大家第一反应必定是"商业中心""百货随潮""八方商贾""商帮荟萃"等，但鲜有人知的是台江也是红色岁月的亲历者，这片土地曾走出心怀天下、不畏牺牲、爱国爱党的革命志士，他们共同谱写了波澜壮阔的红色史诗。

1926年福州最早的党组织——中共福州地委成立。1927年福州地委在台江成立了人力车党支部、码头党支部、平民小学党支部、职工小学党支部等基层党组织，从此以后，在中国共产党的领导下，台江的革命斗争如火如荼地开展起来。台江的知识分子、商人、工人积极参与革命，许多极具台江商贸特色的红色故事在此发生。

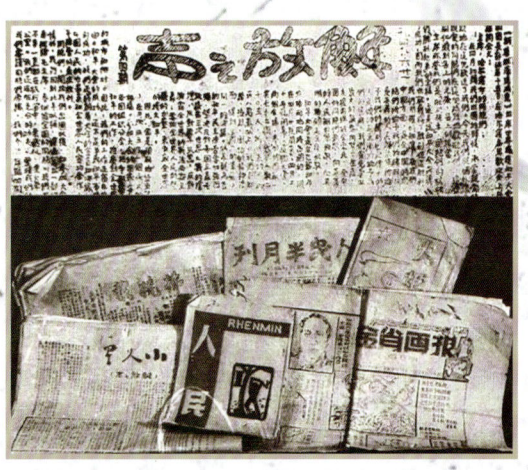

城中部在中平设立秘密印刷厂，此为印刷的部分书刊和解放之声

火种不熄的双虹小学

双虹书院石匾

双虹小学旧景

　　思想指导着行动，想要让群众自发参与到红色革命中，就必须要进行思想的宣传，而学校师生作为最容易接触到先进思想的人群，他们一直都是革命的坚定支持者，双虹小学是其中的代表。

　　1927年，第一次大革命失败，国民党反动派大肆屠杀革命志士，很多革命活动被迫停止。在这危急关头，一批有着进步思想的爱国青年在台江双虹书院旧址办起了双虹小学，林亨元任第一任校长。双虹小学的教学活动一直都围绕着革命与抗日展开，学校在教学中积极传输革命思想，引导学生参与社会活动。1931年"九一八事变"发生后，双虹小学组织学生参与抗日铁血团,走上街头面向市民群众开展抗日救国、抵制日货的宣传。1933年,"福建事变"发生后,林亨元等人意识到革命只有在中国共产党的领导下才能取得成功,他们组织学校师生共同参加"反蒋抗日"斗争,双虹小学也成了中共地下活动据点及中共领导的反帝大同盟的据点,中共党员卢懋榘、郑挺二人以双虹小学的教员身份为掩护开展革命活动。在1936年"西安事变"期间,双虹小学开设夜校宣传抗日。1938年,在党的领导下,双虹小学的学生通过歌曲表演、话剧演出、漫画游行等生动通俗的形式向群众宣传抗日救亡思想,发动全民抗战。

郑挺

卢懋榘

林亨元

抗战胜利后,为顺应斗争局势,双虹小学改变原教学与抗日相结合的活动方式,转而全面支持中国共产党领导的解放事业。学校校董蔡训忠打入国民党内部,掩护地下党情报员,保护秘密电台并开展策反工作,为福州解放做出来巨大贡献。除了蔡训忠外,其他双虹小学的师生也一直坚持革命斗争直到福州解放。

青年会与地下秘密交通站

同双虹小学一样,福州基督教青年会自建立以来一直都是教授科学知识、传播先进思想与爱国理念的地方。1919年"台江事件"爆发,青年会学生就已投身其中,反抗日本帝国主义的侵略。1931年"九一八事变"发生后,青年会更是成了福州抗日救亡运动的主要活动基地之一,卢懋榘、宋隐刚等进步青年在此开展活动。1936年,郁达夫来到福州担任福建省参议,最初就暂住在青年会中,他在此发表了《中国新文学展望》的公开讲演,号召文艺界参与抗日救亡。

福州"文化界救亡协会"理事长郁达夫在台江青年会与文化界人士合影

1937年抗日战争全面爆发后,中共地下党员林大琪、高力夫在青年会组建"福州青年会民众歌咏团",组织团员学唱抗日救亡歌曲如《大刀进行曲》《义勇军进行曲》等,并通过向群众教唱、话剧演出等方式开展抗日宣传活动。

抗战胜利后,中共闽浙赣省委在青年会401号房设立地下秘密交通站,成立了专门的党支部,支部成员包括书记孙道华,党员傅孙焕、蔡龙冈。蔡龙冈对外身份为美国新闻处驻榕特派员,该房作为他的办公室,电子通讯设备齐全且先进,消息来源丰富。蔡龙冈以美国新闻处特派员的身份为掩护,获取情报较为便捷,故该处成为情报搜集传递的交通站。除了传递情报外,该交通站党支部还租用了隔壁403号房,用以掩护、接待前来的省委领导,曾接待过当时的省委书记曾镜冰等。

青年会内景

　　后来中共福建省委考虑到青年会作为福州近代最早的集学习、娱乐、休闲等文体活动功能为一体的综合体，进出人员多且杂，隐蔽性欠缺，重新选择了仓山复原路洪家"璞园"为地下交通站站点，青年会就此结束了它作为地下秘密交通站的历史，但曾在青年会中发生的革命故事却从未被人遗忘。

活力商都　台江史踪

何厝里星火

何厝里

在台江的地下据点中，除了上述设在学校里、综合楼办公室里的，还有设在家宅里的。何厝里位于热闹繁华的上下杭地区，前通十槛角，后通上杭街，是一座普通的家族宅院。1935年在读书时就曾学习马列主义、支持共产党主张的何友恭受上海"中国现代学术研究社"的委派，回福州组建"中国现代学术研究社福州分社"，主要活动地点就在自家宅院何厝里，活动内容包括交流革命思想、阅读先进书籍等，随着人数的增多，何厝里开始逐步发展为新的地下联络点。

随着抗日斗争形势的发展，"中国现代学术研究社福州分社"在何友恭等人的组织下与一些中学的进步学生读书会联合成立了"福州大众社"，社团规模逐渐扩大，参与人数众多。为方便人员往来，社址仍设在前后贯通的何厝里。大众社通过对外开办城乡

何友恭像

144

工农夜校讲授时事,对内建设流动图书馆推荐进步书籍等形式,宣传引导革命思想。1936年该社与中共福州工委取得联系,在工委的领导下,大众社将社团的政治纲领确定为"在中国共产党的领导下进行反帝反封建斗争",提出了现阶段奋斗目标是抗日救亡,最终奋斗目标是实现共产主义的社团纲领。此时的何厝里俨然已是一个成熟的中共地下据点。

何厝里之所以能够在福州革命史上占据重要地位,离不开一本名为《战友》的周刊。《战友》周刊是福州地下党领导的抗日救亡刊物,1938年由何友恭等人在新四军驻福州办事处领导下组织创办,期刊初期编辑印制的地点就在何厝里。该刊物共出版了23期,每期发行量均破千份,刊物创办目的主要是为了向民众宣传抗日救亡理念,以达到动员民众参与抗日救亡的目的。该刊物设置有时事专栏《一周时事提纲》《一月来时事总结》等,每周每月发布时事新闻,也刊登有时局分析类文章,宣传抗战的正义性,驳斥亡国言论,提振人民的信心。当时国民党当局对文学报刊内容进行了限制,不允许报道、赞颂中国共产党的抗日成果,还捏造了共产党"游而不击"的谎言。《战友》期刊不畏国民党当局的严控,在时事报道中大力赞颂中国共产党的抗日成就,通过刊登《抗战中的泾县》《抗日游击战争与争取最后胜利》等文章,以数据、具体事实驳斥"游而不击"的诽谤。《战友》期刊一直致力于抗日救亡,在1938年日军空袭福州期间仍然坚持斗争,直至1939年4月新四军驻福州办事处计划迁往南平才停刊。

1938年何友恭正式加入中国共产党,其堂弟何友礼、何友于也相继加入了中国共产党。何家为革命做出了巨大贡献,先后共有11人加入共产党,投身革命事业,其中何友礼、何友于为了革命事业献出了年轻的生命。

何友礼　　何友于

延伸阅读："巾帼不让须眉"——革命家何友芬

除了家族中的男性参加了革命，何家女性巾帼不让须眉，何友恭的堂妹何友芬16岁就加入了中国共产党，积极参与各项学生运动，参加游击队，两次被捕入狱。1948年，何友芬参加了林白领导的游击队，主要负责提供后备物资、寻找据点及信息联络的工作。与她配合的是陈宜屏同志，二人在道山路净慈庵在与联络人接头时被特务发现。当时已是半夜，二人听到门外的敲门声，立刻开始处理文件，将字条用火烧掉，把书籍存入床柜。特务直接撬开大门，二人当场被捕。狱中受审时，何友芬听到特务审讯陈宜屏时提到了其他地下党员的名字，她十分担忧，为了能够出去向其他同志报信，她坚持认定自己与陈宜屏不认识，仅是来附近游玩的游客，因听故事导致时间太晚无法返回，只能在庵中留宿。因缺乏证据，何友芬暂时被放回。没有想到，第二天何友芬因一名同志被捕后受欺骗，提到了与何友芬有联系而再度入狱。再次入狱时，她不再感到忧虑，因为上次出去后，已委托亲戚向地下党员报信，任务已经完成了，就算自己牺牲了，也不会连累党组织。在狱中，她经受了灌水、打手心、香火威胁等酷刑逼供，坚持保守党的秘密直至1949年被释出狱。

永不消失的电波——高家大院

把自家宅院当作地下据点的不止何家，在台江太平山山仔里的高家也是如此。高家参与革命第一人是省委机关电台工作负责人高振洋，他从小就喜欢研究无线电，后加入了成立于台江生顺茶栈的民族解放先锋队，因对无线电了解颇深，他被推荐前往省委机关负责电台工作。1944年省委在福州多方寻求合适位置设立地下联络点，最后确定了位于潭尾街的"同和锡箔杂货行"作为联络点，该行的经营者为高振云，是高振洋的兄长。

高振洋

由于斗争需要，该联络点移至三面临河、一面临田、位置更加隐蔽的太平山高家大院，由高振洋担任联络站电台台长，负责情报信息传递工作。为了不让国民党反动派发现秘密电台的存在，电台多在夜间进行信息传递，高振洋负责组装电台，其弟高振丰负责发电。因使用的是声音较大的手摇发电机，为了隐蔽需要用多床棉被遮住机器以减小音量，一番操作下来，高振丰总是汗流浃背，而高振云则负责在门口荔枝树下为弟弟们放哨。可见当时发送一份电报何其不易，地下工作何其艰难。

在高振洋的影响下，高家上下皆支持革命斗争，先后有15人投身革命事业。高家不仅出资购买了包括无线电器材在内的革命所需物资，为地下党同志提供住宿，利用其人脉开具通行证，掩护地下党活动。附近的村民也很配合，想方设法掩护电台，如在电台工作期间，村民若在附近发现可疑人员会立刻报告，有的孩子爬上村头的荔枝树帮忙放哨。在多方的努力下，作为省委地下联络点的高家大院发出了无数的重要情报，接收打印传递了无数的新华社新闻，为福建解放事业做出了重要贡献。解放前夕，一些进步人士在高家大院创办《消息报》，以此开展革命宣传。解放后，高家大院秘密电台的历史使命已然完成，虽然再也不能听到"嗒嗒嗒"的发报声，但这里曾发出的红色电波以及它所承载的艰苦卓绝的斗争精神永不消散。

高家大院

地下航线

有进步青年，有商业世家，台江的革命史怎能不见我们工人阶级的身影？载入史册的闽江地下航线的主力军就是工人阶级。1945年抗日战争取得伟大胜利，但国内环境依旧动荡不安。国民党反动派在码头、路口设关立卡对出入人员进行严格地盘问、检查，地下党员的往来安全无法保证。为掩护人员及物资往来，开通专门的地下航线已迫在眉睫。福建省委派遣苏华、饶刺生、陈德义等地下党同志前来福州发展壮大党组织，建立交通联络线，开辟地下航线。因闽江有上下游之分，故闽江的地下航线也有上下游之分。

闽江轮船公司旧址

闽江上游航线的开通与闽江轮船股份有限公司有关。该公司成立于1940年，工人近千人，有着开展工人运动、发展工人党员的良好基础。1945年中共福建省委

"地下航线"党支部成员（左起陈梅惠、梁宝通、伊立惠）

交通员张章淦借助其叔父在闽江轮船公司担任修造厂工人的有利条件，深入轮船司机、水手等之中，宣传共产党主张，1946年4月在已发展了部分党员的基础之上，闽江轮船公司党支部成立了，轮船公司修造厂车工梁宝通任支部书记。

轮船公司党支部的大部分党员负责的航线就是福州至闽北的水运船只，且党员多为轮机员、水手等，可较为直接、隐蔽地开展运输护送任务，受怀疑的概率较低，由闽轮党支部组织开通的闽江上游地下航线应运而生。1947年闽北游击战爆发，福州至闽北的干部、武器、情报、物品等的运输量增加，上游地下航线的作用凸显。它曾秘密运送过省委机关需要的电台、游击队需要的枪支、弹药、药品等，当电台出现故障无法发送军事情报时，也是闽轮党支部挺身而出，承接了传递信息的重任。

> 延伸阅读：地下航线上的红色故事
>
> 在上游地下航线，曾发生一段惊心动魄的故事。20世纪40年代，闽轮党支部成立后接到的第一个任务是运送电台至南平。经党支部研究决定，此项任务由胆大机智的"青岛号"轮机员伊立惠负责掩护，支部党员陈德义负责护送。第一关是带电台上船。当时开船前船只是停留在江心的，故伊立惠划着一辆小舢板带着伪装成行李卷的电台向"青岛号"划去，在靠近"青岛号"时，岸边警察的一声询问打破了夜晚江面的宁静，"干什么？靠过来！"气氛一下紧张了起来。警察先是核查了伊立惠的

第五章 | 红潮涌动 喜迎解放

执照，确认了他的轮机员身份，正当警察要检查行李时，在船上负责配合的共产党员适时按响了提醒开船的汽笛，伊立惠急忙催促警察进行检查，警察见状，放伊立惠上了船，第一关顺利通过。接下来第二关是在船上躲过检查。临近开船，这些警察、稽查二话不说，直接进入行李卷所在的机舱处检查。伊立惠佯装镇定地在修理机器，稽查发现铺头破棉被之下鼓鼓的，似藏着东西，便一把揭开，结果只见一个竹枕头、几件脏裤子与臭袜子。再往下翻就是电台，而在这千钧一发之际，稽查突然发现自己的衣服上蹭到机舱常有的油泥，他万般嫌弃地离开，第二关有惊无险地通过了。接下来第三关是登岸，上岸处南平夏道仅是一个小码头，没有警察、宪兵值守盘问，陈德义带着行李卷上了岸并安全交到游击队手中，任务圆满完成。

下游地下航线同样发挥重要作用。1946年5月"中共福建省委闽江下游地下运输船队党支部"成立，善于驾驶船舶的林森官同志任党支部书记，闽江下游地下航线开辟。与上游航线不同的是，该航线负责运输的人员多为农民和码头搬运工人，除台江码头外，闽侯、长乐一带的农民工人也参与其中，而运输船只主要是农民用来运送粪肥的木帆船。该航线的主要任务是沟通福州与闽中特委之间的联系，包括掩护运送干部、为闽中游击队运输武器等。在省委的领导下，下游航线的运输任务均妥善完成，有力支援了闽中的游击战争，为福建解放贡献了力量。

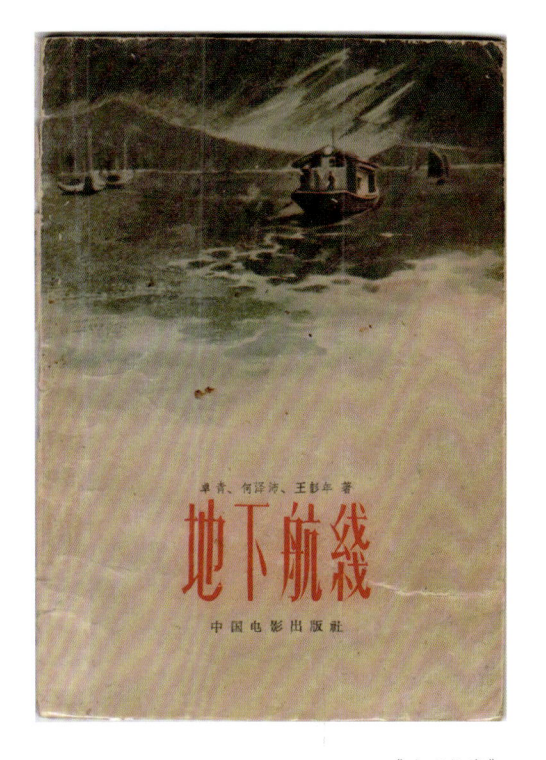

《地下航线》

为纪念闽江上下游的两条红色航线，1959年天马电影制片厂制作了电影《地下航线》，故事就取材于林森官等人的故事。

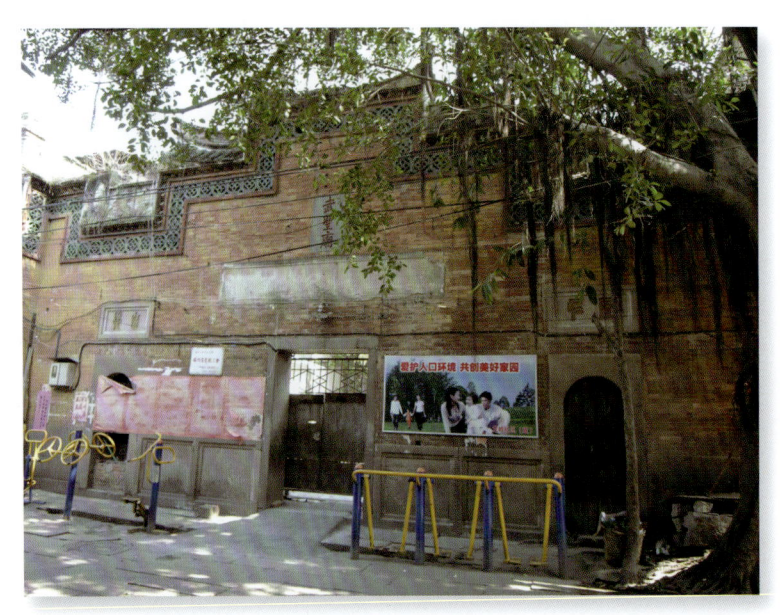

位于龙岭顶武圣庙的福州店员总工会遗址

延伸阅读：福州店员总工会

除了闽江地下航线外，福州店员总工会也是台江工人阶级参与革命的又一典型。台江作为商业中心，店铺林立，店员人数众多。为维护店员的合法权益，在中共福州地委的领导下，1927年2月福州店员总工会成立了，会址位于龙岭顶武圣庙（店员多崇拜象征着公正诚信的关帝），它是中共领导下第一个全市性工会组织，有近40个行业超万名店员和工人加入工会组织。同年在工会的组织下，有超过3000名店员及工人参加了反对蒋介石篡夺党权的游行活动。在国民政府白色恐怖的重压下，该工会转为地下活动直至福州解放。

"八一七"解放枪声

在中国共产党的正确领导下,在福州各级党组织的努力下,在全市人民的期盼中,福州即将迎来解放。1949年8月17日,解放军自城北攻入福州城,在台江万寿桥遭遇国民党桥头堡守军的火力封锁,身先士卒的245团3营副营长魏景利在冲锋时不幸中弹牺牲。解放军高喊为副营长报仇的口号,一鼓作气冲破了敌军的防守,拿下了万寿桥、中洲岛。为纪念福州解放,这条解放军进城所走的道路——北起鼓楼前、南至万寿桥,被称为"八一七路",万寿桥也改名为"解放大桥"。

解放福州战役,解放军突破台万寿桥头敌军防线

解放军入福州城

黑夜总会过去，黎明终将到来，闽江之上，红日正缓缓升起。中华人民共和国成立后，在中国共产党的带领下，台江迎来了社会主义建设新时期。一座座高楼在闽江之畔拔地而起，一条条桥梁横跨仓台两岸，百姓生活越来越富足。未来，台江将继续秉持"勇于拼搏、争优创先"的台江精神，在党的领导下，朝着建设"活力商都、滨江福地"的目标奋力前行。

主要参考书目

卢美松主编：《福州通史简编》，福建人民出版社，2017年版。

王怡挺主编：《台江区志》，方志出版社，1997年版。

谢必震著《明清中琉航海贸易研究》，海洋出版社，2004年版。

中共福州市台江区委宣传部、政协福州市台江区委员会：《台江工贸世家》，海峡文艺出版社，2019年版。

中共福州市台江区委宣传部、福州市台江区文学艺术界联合会编：《品读台江》，海峡文艺出版社，2012年版。

方炳桂主编：《福州老街》，福建人民出版社，2000年版。

林元庆主编：《福建近代经济史》，福建教育出版社，2001年版。

福州市台江区政府、福州市台江区政协编：《福州双杭志》，方志出版社，2001年版。

福建省社会科学院、福州市台江区人民政府：《福州台江与东南海陆商业网络研究》，海峡书局，2011年版。

（清）梁章钜著《归田琐记》卷二，致刘次白抚部书，《续修四库全书》第1179册，子部·杂家类，上海古籍出版社，2002年版。

林精华著《福州商贸文化丛谈》，福建省文史研究馆编，2013年版。

福州市政协文史资料委员会编：《上下杭史话》，海峡书局，2013年版。

政协福州市台江区委员会编：《上下杭民间故事》，2012年版。

福州市台江区政协文史资料委员会编：《台江文史资料（第1—12辑合订本）》，2006年版。

黄国盛著《鸦片战争前的东南四省海关》，福建人民出版社，2000年版。

清朱景星修、郑祖庚纂《闽县乡土志》，福州市地方志编纂委员会整理，海风出版社，2001年版。

（明）王应山纂《闽都记》，福州市地方志编纂委员会整理，海风出版社，2001年版。

（清）林枫著《榕城考古略》，福州市地方志编纂委员会整理，海风出版社，2001年版。

《福州掌故》编写组：《福州掌故》，福建人民出版社，1998年版。

政协福州市台江区委员会编：《台江开埠史话》。

郑丽生著《福州风土诗》，福建人民出版社，2012年版。

戴一峰：《论近代福建木材业——近代福建林业史研究之二》，载《中国社会经济史研究》1991年第2期。

后 记

台江区历来重视文史工作，编写出版了许多地方文史书籍，但还没有一部能全面理清台江历史线索的通俗读本。为此，台江区人民政府、区文化体育和旅游局组织文史专家和工作者编著本书。

本书由龚张念谋篇布局、修正完善、拍摄配图；林江负责统稿；叶红组织调查、搜集史料；陈文浩撰写第一、二章；林敏撰写第三章；李钰颖撰写第四、五章。

福州大学教授郁贝红为本书编写提出了宝贵意见，戴晖、邱新宇、林伟等提供了珍贵资料，林艳钦、陈萍萍认真校对了本书。

需要说明的是，因有个别图片作者姓名未详或联系不上，请相关著作权人及时与出版社取得联系，以便支付相应的稿酬。

囿于时间和编者水平，书中有疏漏和舛误之处，恳请广大读者不吝赐教，以匡不逮。

编写组

图书在版编目(CIP)数据

活力商都:台江史踪/龚张念主编;福州市台江区文化体育和旅游局编著.—福州:海峡文艺出版社,2022.9
ISBN 978-7-5550-3100-0

Ⅰ.①活… Ⅱ.①龚…②福… Ⅲ.①台江区—地方史 Ⅳ.①K297.34

中国版本图书馆 CIP 数据核字(2022)第 152471 号

活力商都:台江史踪

龚张念　主编
福州市台江区文化体育和旅游局　编著

出 版 人	林　滨
责任编辑	余明建
出版发行	海峡文艺出版社
经　　销	福建新华发行(集团)有限责任公司
社　　址	福州市东水路 76 号 14 层
发 行 部	0591—87536797
印　　刷	福建名彩印刷有限公司
厂　　址	福州市闽侯经济技术开发区一期九号中路 5 号
开　　本	787 毫米×1092 毫米　1/16
字　　数	168 千字
印　　张	10.25
版　　次	2022 年 9 月第 1 版
印　　次	2022 年 9 月第 1 次印刷
书　　号	ISBN 978-7-5550-3100-0
定　　价	88.00 元

如发现印装质量问题,请寄承印厂调换